# 内河船舶保险实务

利云　编著

广西科学技术出版社

图书在版编目（CIP）数据

内河船舶保险实务 / 利云编著 . —南宁：广西科学技术出版社，2020.6（2024.1 重印）
ISBN 978-7-5551-1414-7

Ⅰ. ①内… Ⅱ. ①利… Ⅲ. ①内河船—运输保险 Ⅳ. ①F840.634

中国版本图书馆CIP数据核字（2020）第169711号

**内河船舶保险实务**

利　云　编著

责任编辑：罗绍松　陈诗英　　　　　　　　责任印制：韦文印
责任校对：陈庆明
装帧设计：梁　良　　　　　　　　　　　　设计助理：吴　康

出 版 人：卢培钊
出　　版：广西科学技术出版社
社　　址：广西南宁市东葛路 66 号　　　　邮政编码：530023
网　　址：http://www.gxkjs.com

印　　刷：北京虎彩文化传播有限公司

开　　本：787mm×1092mm　　1/16
字　　数：198 千字　　　　　　　　　　　印　　张：12
版　　次：2020 年 6 月第 1 版
印　　次：2024 年 1 月第 2 次印刷
书　　号：ISBN 978-7-5551-1414-7
定　　价：35.80 元

# 前　言

我国内河船舶保险是从海上船舶保险直接复制过来的，有人称之为"舶来品"后裔。内河船舶经营者（船东）对风险转嫁的强烈要求和对船舶受灾后期盼得到经济补偿的动因是内河船舶保险发展的内在动力。

中华人民共和国成立后，经中华人民共和国政务院批准，在接管和整顿旧社会100多家保险公司的基础上，国有全资保险公司——中国人民保险公司（以下简称"中国人保"）正式成立。之后，中国人保陆续推出远洋船舶保险和海洋货物运输保险等水险业务。1951年4月24日，中华人民共和国政务院财政经济委员会公布的《船舶强制保险条例》规定："凡国家机关、国有企业及县以上合作社所有的铁壳、钢壳、木壳轮船、机帆船、铁壳驳船、木船、木驳、其他船舶，均在保险范围以内。保险船舶由于触礁、搁浅、沉没、倾覆、碰撞、飓风及其他水上灾害、火灾、雷电及爆炸、失踪等所造成的损失，保险公司负赔偿责任。在发生保险责任范围内的灾害或事故时，因施救或保护所保船舶所支出的合理费用，交涉或诉讼费用，也由保险公司承担。"由于当年我国只有中国人保，因此该条例规定的船舶强制保险仅由中国人保独家办理。保险船舶如为轮船或机帆船时，该条例同时还负责以下风险责任：

一是碰撞责任。因所保轮船或机帆船与其他船舶碰撞致使他方之船舶或货物遭受损失，依法应由投保单位负赔偿责任时，保险公司应负赔偿责任；但人身伤亡、码头及港口设备之损害，或本船货物的损失，不在本责任范围之内。保险公司对每次碰撞赔偿之数额，以不超过保险金额为限。

二是共同海损。投保单位对于共同海损的摊负，保险公司应负赔偿责任。但直接或间接由于战争、海盗及镇压海盗等损失，保险公司不负赔偿责任。保险责任除最初年度自承保之日起开始外，每年均自1月1日起开始，至当年12月31日终止。

内河航运，是指非海洋航运，就是指内陆河流、湖泊中的航运。《中华人民共和国内河交通安全管理条例》第九十一条规定："内河通航水域，是指由海事管理机构认定的可供船舶航行的江、河、湖泊、水库、运河等水域。"它是水上运输的重要组成部分，是连接内陆与沿海地区的纽带，在运输和集散进出口货物中起着不可替代的作用。

广西是全国唯一沿海、沿江、沿边的少数民族自治区，其沿海、内河水域是我国西南地区最便捷的出海大通道，水上交通"承东启西，连接东盟"，区位优势明显，战略地位突出，发展前景广阔。广西是全国河流密度较大的省区，河流分属珠江、长江、独流江三大水系，总长约34000 km，遍及全区73.6%的市、县。内河通航河流主要有红水河、柳江、黔江、左江、右江、漓江、桂江、西江等53条，通航总里程达6000 km。在内河通航河流上，现有桥梁357座、水利（航运）枢纽40座、船闸39座。珠江水系西江流域素有"黄金水道"之称，是西南三省区连接珠江三角洲与粤港澳大湾区的重要通道。

航运保险，又被保险行业称为"水险"，包括船舶险、保赔保险和货运险。航运保险是财产保险公司经营的传统业务，具有以下特点：一是历史悠久，有"保险鼻祖"之称。据史料记载，水上保险起源于公元前2000年前后的地中海。中国保险业真正崛起于清光绪元年（1875年）成立的上海保险招商局。二是盈利能力强，经营效益好。三是业务国际化程度高，通过开展水上保险业务，可提升保险人在国际上的地位。

本书主要研究珠江水系西江流域内河航运（货船部分）相关问题，一方面介绍内河船舶基础知识，另一方面从内河船舶建造保险、内河船东保障和赔偿责任保险、内河船舶保险、内河船舶保险承保实务、内河船舶货运相关问题、理赔与追偿实务等多个维度，详细介绍与内河航运有密切关系的理论知识。同时，结合长期观察与调研，本书遴选多宗与内河航运相关的风险事故典型案例进行分析，采用问答形式对常见疑难问题进行答疑，基于实践，侧重实务操作，力求贴近市场，以期为致力内河航运与从事内河运输及内河船舶保险工作者提供帮助。

本书在编写过程中得到多位保险界、航运界人士的热诚指导，在此致以由衷感谢。由于水平有限，难免存在一些疏漏和不足之处，敬请广大读者批评指正。

利 云

2020年4月

目录

# 第一章　内河船舶知识

内河船舶的概念有多种定义，了解和掌握其中的含义，对从事内河航运和内河船舶保险工作起到积极作用。

应熟悉船舶结构、船舶分类，掌握内河航区划分、内河航道等级，了解船舶吨位与载重线的相关知识。

熟知船舶适航性核心要义，熟悉与内河航运与内河船舶相关的法律法规，对正确处理与之相关的风险事故案件，裨益颇多。

## 第一节　内河船舶的概念

### 一、内河船舶的概念

船舶是指运用在交通、运输、捕捞水生物、开发海底矿藏、港湾服务、运动游览、科学调研及测量、工程作业、救险、国防军事等水上、水面及水下各种运载工具的统称。航行于一类航区（无限航区）的船舶为远洋船舶；航行于沿海二、三类航区及与内河相接的可航水道的船舶被界定为沿海船舶；航行于内河 A、B、C、J 航区及湖泊、水库内的船舶被界定为内河船舶。

《辞海》所称的船舶，即船。水上运载工具。利用人力、风力或机器推进。有的可在水下航行，如潜艇；也有系泊不航行的，如趸船等。广泛用于交通、运输、渔业、港湾服务和作战等。

在《现代汉语词典》中，船舶指船（总称），其中，船指水上的主要运输工具，舶指航海大船。处于一个国家中的河流叫作该国家的内河。内河船舶指必须符合国家规定的内河船舶建造规范，仅仅能够航行于内河通航水域的各种船舶，如军用船舶、竞技体育用船舶和渔业船舶不包括在内。

《中华人民共和国海商法》第三条规定："本法所称船舶，是指海船和其他海上移动式装置，但是用于军事的、政府公务的船舶和 20 总吨以下的小型船艇除外。前款所称船舶，包括船舶属具。"

《中华人民共和国船舶登记条例》第五十六条规定："'船舶'系指各类机动、非机动船舶以及其他水上移动装置，但是船舶上装备的救生艇筏和长度小于 5 米的艇筏除外。"

《中华人民共和国内河交通安全管理条例》第九十一条规定："船舶，是指各类排水或者非排水的船、艇、筏、水上飞行器、潜水器、移动式平台以及其他水上移动装置。"

上述船舶的定义，均体现出船舶必须具备以下特定要素：一是人造建筑物，二是能够浮于水面的物体，三是能够航行于水面，四是符合技术规范。

## 二、船体结构

船舶由主船体、上层建筑以及其他设备组成。主船体是指上甲板以下包括船底、舷侧、甲板、舱壁、首尾等结构组成的水密空心结构。根据《钢质内河船舶建造规范 2009》，船体分主要构件和次要构件两部分，其中，主要构件是指主要支撑构件，包括强肋骨、舷侧纵桁、强横梁、甲板纵桁、实肋板、船底桁材、舱壁桁材等；次要构件是指板的扶强构件，包括肋骨、纵骨、横梁、舱壁扶强材、组合肋板的骨材等。

船体必须符合以下要求：一是具有足够的强度、刚度、稳性，时刻保持可靠的水密性和符合运营需求；二是各类构件本身应具备良好的连续性和保证安装在其上的设备具有良好的工作性能；三是既要具备科学的施工工艺，又要满足便利于后期对船舶的维修保养。

## 三、内河船舶的适航性

《国内水路运输管理条例》第十三条规定："水路运输经营者投入运营的船舶应当符合下列条件：（一）与经营者的经营范围相适应；（二）取得有效的船舶登记证书和检验证书；（三）符合国务院交通运输主管部门关于

船型技术标准和船龄的要求；（四）法律、行政法规规定的其他条件。"第十八条规定："水路运输经营者应当使用符合本条例规定条件、配备合格船员的船舶，并保证船舶处于适航状态。水路运输经营者应当按照船舶核定载客定额或者载重量载运旅客、货物，不得超载或者使用货船载运旅客。"上述法规明确了水路运输的主要工具——内河船舶在航行时，务必保持船舶的适航性。

"适航性"对于保险船舶来说有两个概念：一个是船舶作为水上运输工具，其本身整体的技术状况，须符合各种规范、规定要求的适航性，主要和船舶结构、设备、使用性质、航行区域、附属配备有关；另一个是保险人要求的适航性，有特定的定义与概念，即不仅需要船舶具有技术状况良好的适航性，还需要船舶在航行运输中具有包括"适人性""适货性"在内的良好的适航状态。船舶的"适人性"包含船舶技术状况、船员配备是否合适两个层面，即便船舶技术状况适航，但是如配备的船员不符合任职资质，或配备了会影响船舶管理和具有操作船舶不良嗜好的船员，船舶仍将被视为不具有"适人性"，保险人将视之为船舶不适航。船舶未按规定和惯例载运货物，将被视为不具备"适货性"，在这种情况下保险人将视之为船舶不适航。

实际事务中，在投保人向保险人提供了内河船舶适航证书的前提下，船舶是否当然就具有适航性了呢？早在20世纪80年代初，国际船级社协会主席已电告各船级社称：由于船舶检验的适航概念和保险的适航概念有差异，希望各船级社不要再签发所谓的船舶适航证书。因为内河船舶适航证书本质上只是船舶安全证书，它的适航概念不是作为登记证书统称的船舶适航概念。各种证书仅指在特定水域和特定时点内，船舶具备航行的技术状态。但是对某一艘具体的船舶来说，仅凭一张适航证书是无法判断船舶在所有水域于一个证书有效期内一直保持适航性的。还须结合运输合同、运输配载图、船员配置等具体情况，综合判断是否适航的问题。在实践中，内河船舶是否真的适航，要通过实地检验和查阅各种资料，包括验船师在证书中批注的"未了事项"（遗留项目），事实证明船舶不具备适航性，远远优于证书上的船舶适航证明。

## 四、内河航区的划分

航区是指依据内河水域的气象与水文条件划分的船舶航行区域。依据《内河船舶法定检验技术规则（2011）》（海法规〔2011〕391号），内河航区按高低系列排序，分为A级、B级、C级。急流航段系指峡谷河流中滩上流速超过3.5m/s的航段。按某一水域水流湍急程度，分为不同级别急流航区（以"J级航段"表示。其中，$J_1$级急流航段是指航区内滩上流速为5m/s以上但不超过6.5m/s的航段，$J_2$级急流航段是指航区内滩上流速为3.5m/s以上但不超过5m/s的航段）。不同的J级航段分别从属于所在水域的航区级别。高级别航区的船舶可以航行于低级航区，反之则不行。

### （一）A级航区

计算波高 × 计算波长 =2.5m×30m，波高范围1.5～2.5m，对应蒲氏风级5级。珠江自虎门（沙角）至淇澳岛大王角灯标与孖州岛灯标连线以内水域，以及至香港、澳门距岸不超过5km水域，自磨刀门经洪湾水道至澳门水域，为A级航区。

### （二）B级航区

计算波高 × 计算波长 =1.5m×15m，波高范围0.5～1.5m，对应蒲氏风级4级。西江自梧州至珠江三角洲各口门，自石龙至东江口、新丰江水库，自榕城以下至汕头港航区，自柳州至石龙水域以及红水河恶滩以上，自恶滩至石龙水域，为B级航区并为$J_2$级航段；黔江自石龙至桂平水域，为B级航区；郁江自南宁至桂平水域，为B级航区；浔江自桂平至梧州水域，为B级航区。

### （三）C级航区

计算波高 × 计算波长 =0.5m×5m，波高范围0.5m以下，对应蒲氏风级5级。北江水域、东江石龙以上水域、柳江柳州以上水域、桂江水域等，均为C级航区。

## 五、内河航道等级

根据《内河通航标准》（GB 50139—2014），按照河流所能通行船只大小不同，内河航道可以分为7个等级，详见表1-1。

目前，正在珠江流域黔江河段大藤峡峡谷出口（广西桂平市南木镇弩滩）

兴建的大藤峡水利枢纽已于 2015 年开工，预计 2023 年竣工。工程项目建成投入使用后，西江通航等级将从目前的 300 吨位提高至 3000 吨位。大藤峡水利枢纽的建设，与已建成的 9 个梯级水电站（天生桥一级水电站、天生桥二级水电站、平班水电站、龙滩水电站、岩滩水电站、大化水电站、百龙滩水电站、乐滩水电站、桥巩水电站），将大大提高西江航运等级和船舶通航能力，可对加强珠江流域防洪能力、科学利用水资源等发挥不可替代的作用。

**表 1-1　航道等级划分**

| 航道等级 | Ⅰ | Ⅱ | Ⅲ | Ⅳ | Ⅴ | Ⅵ | Ⅶ |
|---|---|---|---|---|---|---|---|
| 船舶吨位（t） | 3000 | 2000 | 1000 | 500 | 300 | 100 | 50 |

注：1. 船舶吨级按船舶设计载重吨确定；

　　2. 通航 3000 吨级以上船舶的航道列入Ⅰ级航道。

### 六、与内河船舶相关的法律法规

#### （一）《国内水路运输管理条例》

《国内水路运输管理条例》（中华人民共和国国务院令第 625 号）于 2012 年 10 月 13 日公布，2016 年 2 月 6 日第一次修订，2017 年 3 月 1 日第二次修订。

该条例第二条规定，本条例所称国内水路运输（简称水路运输），是指始发港、挂靠港和目的港均在中华人民共和国管辖的通航水域内的经营性旅客运输和货物运输。

该条例第十三条规定，水路运输经营者投入运营的船舶应当符合下列条件：（一）与经营者的经营范围相适应；（二）取得有效的船舶登记证书和检验证书；（三）符合国务院交通运输主管部门关于船型技术标准和船龄的要求；（四）法律、行政法规规定的其他条件。

该条例第十七条规定，水路运输经营者应当在依法取得许可的经营范围内从事水路运输经营。

该条例第十八条规定，水路运输经营者应当使用符合本条例规定条件、配备合格船员的船舶，并保证船舶处于适航状态。水路运输经营者应当按照船舶核定载客定额或者载重量载运旅客、货物，不得超载或者使用货船载运旅客。

该条例第三十八条规定，水路运输经营者有下列情形之一的，由海事管理机构依法予以处罚：（一）未按照规定配备船员或者未使船舶处于适航状态；（二）超越船舶核定载客定额或者核定载重量载运旅客或者货物；（三）使用货船载运旅客；（四）使用未取得危险货物适装证书的船舶运输危险货物。

该条例第三十九条规定，水路旅客运输业务经营者未为其经营的客运船舶投保承运人责任保险或者取得相应的财务担保的，由负责水路运输管理的部门责令限期改正，处 2 万元以上 10 万元以下的罚款；逾期不改正的，由原许可机关吊销该客运船舶的船舶营运许可证件。

**（二）《中华人民共和国内河交通安全管理条例》**

《中华人民共和国内河交通安全管理条例》（国务院令第 355 号）于 2002 年 6 月 28 日公布，2011 年 1 月 8 日第一次修订，2017 年 3 月 1 日第二次修订。

该条例第二条规定，在中华人民共和国内河通航水域从事航行、停泊和作业以及与内河交通安全有关的活动，必须遵守本条例。

该条例第六条规定，船舶具备下列条件，方可航行：（一）经海事管理机构认可的船舶检验机构依法检验并持有合格的船舶检验证书；（二）经海事管理机构依法登记并持有船舶登记证书；（三）配备符合国务院交通主管部门规定的船员；（四）配备必要的航行资料。

该条例第十二条明确，按照国家规定必须取得船舶污染损害责任、沉船打捞责任的保险文书或者财务保证书的船舶，其所有人或者经营人必须取得相应的保险文书或者财务担保证明，并随船携带其副本。

该条例第二十一条规定，从事货物或者旅客运输的船舶，必须符合船舶强度、稳性、吃水、消防和救生等安全技术要求和国务院交通主管部门规定的载货或者载客条件。任何船舶不得超载运输货物或者旅客。

**（三）《老旧运输船舶管理规定》**

交通部于 2006 年 7 月 5 日发布《老旧运输船舶管理规定》，2009 年 11 月 30 日第一次修正，2014 年 9 月 5 日第二次修正，2017 年 5 月 23 日第三次修正，2021 年 8 月 11 日第四次修正。

该规定第一条明确，为加强老旧运输船舶管理，优化水路运力结构，提高船舶技术水平，保障水路运输安全，促进水路运输事业健康发展，根据《国内水路运输管理条例》，制定本规定。

该规定第五条明确，老旧河船分为以下类型：（一）船龄在 10 年以上的高速客船，为一类老旧河船；（二）船龄在 10 年以上的客滚船、客货船、客渡船、客货渡船（包括旅客列车轮渡）、旅游船、客船，为二类老旧河船；（三）船龄在 16 年以上的油船（包括沥青船）、散装化学品船、液化气船，为三类老旧河船；（四）船龄在 18 年以上的散货船、矿砂船，为四类老旧河船；（五）船龄在 20 年以上的货滚船、散装水泥船、冷藏船、杂货船、多用途船、集装箱船、木材船、拖轮、推轮、驳船（包括油驳）等，为五类老旧河船。

该规定第十七条明确，四类、五类船舶不得改为一类、二类、三类船舶从事水路运输，三类船舶之间不得相互改建从事水路运输。

该规定第二十四条明确规定，对处于不适航状态或者有其他妨碍、可能妨碍水上交通安全的老旧运输船舶，海事管理机构依照有关法律、行政法规的规定禁止其进港、离港，或责令其停航、改航、驶向指定地点。

**（四）《中华人民共和国内河船舶船员值班规则》**

《中华人民共和国内河船舶船员值班规则》（交通运输部令第 20 号）于 2015 年 11 月 11 日发布，2020 年 7 月 6 日修订。

该规则第七条规定，内河货船在航行中的驾驶值班安排应当符合以下要求：（一）3000 总吨及以上内河货船，驾驶值班每班至少 2 人，其中至少 1 人是船长或者是大副、二副、三副；（二）1000 总吨至 3000 总吨内河货船，驾驶值班每班 1 人须是船长或者是大副、二副、三副，夜间及能见度不良时，需增配 1 名普通船员；（三）未满 1000 总吨内河货船，驾驶值班每班至少 1 名船长或者驾驶员。内河货船在航行中的轮机值班安排应当符合以下要求：（一）500 千瓦及以上内河货船，轮机值班每班至少 1 人须是轮机长或者大管轮、二管轮、三管轮；（二）未满 500 千瓦内河货船，轮机值班每班至少 1 名值班船员。

该规则第十一条规定，值班船员应当遵守下列驾驶台和机舱资源管理要求：（一）值班船员应当正确接收和处置气象、水文、周围船舶动态等与航行安全有关的信息；（二）值班船员应当保持通信沟通联络有效畅通；（三）值班船员对值班安全产生怀疑时，应当立即告知船长、轮机长、负责值班的高级船员；（四）值班船员应当按照要求记录值班期间发生的重要事项。

该规则第九十一条明确，本规则的值班规定是内河船舶船员的最低值班要求。船舶所有人、船舶经营人或者船舶管理人和船长可以根据船舶种类、吨位、航线、机械设备等制定相应值班程序和要求，但不得低于该规则的规定。

### （五）《广西壮族自治区水路运输管理条例》

《广西壮族自治区水路运输管理条例》由广西壮族自治区第十三届人民代表大会常务委员会第十二次会议于 2019 年 11 月 29 日修订通过，自 2020 年 1 月 1 日起施行。

该条例第二条规定，在本自治区行政区域通航水域和管辖海域内从事水路运输、水路运输辅助业务经营及其监督管理活动，适用本条例。

该条例第四条明确，鼓励发展航运交易、金融、保险等现代航运服务业，支持发展区域性航运物流中心。

该条例第二十条规定，水路运输经营者不得实施下列危害水路运输安全的行为：（一）船舶超载运输；（二）船舶不按照核定的航线或者划定的水域范围行驶；（三）船舶超过安全通航尺度航行；（四）船舶配员不能满足最低标准或者船员不适任；（五）载运旅客的客船、渡船，同时装运危险货物航行；（六）法律、法规规定的其他危害水路运输安全的行为。

### （六）《珠江口水域船舶安全航行规定》

《珠江口水域船舶安全航行规定》（粤海事通〔2010〕7 号）由广东海事局于 2014 年 7 月 10 日作出修订。

该规定第二条明确，本规定适用于珠江口水域航行、停泊和作业的一切船舶、设施及其所有人、经营人和其他有关单位与人员。

该规定第四条明确，驾驶台值班遇有下列情况，船长应当在驾驶台值班，必要时应当直接指挥船舶：（一）船舶进港、出港、靠泊、离泊时；（二）航行中能见度不良或遇有恶劣天气和海况时；（三）发生水上交通事故、船舶污染事故、船舶保安事件以及其他紧急情况时。

### （七）《中华人民共和国内河船舶避碰规则》

《中华人民共和国内河船舶避碰规则》于 1991 年 4 月 28 日由交通部颁布，2003 年 9 月 2 日作出修正。

该规则第二条"适用范围"明确,在中华人民共和国境内江河、湖泊、水库、运河等通航水域及其港口航行、停泊和作业的一切船舶、排筏均应当遵守本规则。

该规则第三条"责任"规定,船舶、排筏及其所有人、经营人以及船员应当对遵守本规则的疏忽而产生的后果以及对船员通常做法所要求的或者当时特殊情况要求的任何戒备上的疏忽而产生的后果负责。不论由于何种原因,两船已逼近或者已处于紧迫局面时,任何一船都应当果断地采取最有助于避碰的行动,包括在紧迫危险时而背离本规则,以挽救危局。

## 第二节　船舶分类

船舶作为水上交通运输和工程作业的重要工具,其种类繁多且不断更新换代。船舶可以用多种方法进行分类,按航行区域,分为远洋船舶、沿海船舶、内河船舶;按动力,分为机动船舶和非机动船舶;按制造材料,分为钢质船、铝合金船、玻璃钢船、水泥船、木质船等;按用途,分为军用船舶和民用船舶,其中民用船舶又可分为运输船舶、工程船舶、工作船舶、渔业船舶和特种船舶;按推进方式,分为螺旋桨船舶、喷水推进船舶、空气螺旋桨推进船舶等;按航行状态,分为浮行船舶、潜水船舶、滑行船舶、腾空船舶;按法律调整范围,分为商用船舶、军事船舶和公务船舶。

在实务操作中,按法律调整范围对船舶进行分类的方式,对商业保险的影响最为明显。商业保险中保险人与被保险人签订的保险合同,本质上就是一种法律合同关系,同时保险船舶因某种原因产生纠纷,也须通过法律来调整。但是,军事船舶、公务船舶等就不适用《中华人民共和国海商法》《中华人民共和国船舶登记条例》等。商业保险主要承保的标的船舶仅限于商用船舶。

商用船舶分为运输船舶、工程船舶、渔业船舶、港务船舶、特种船舶等。

## 一、运输船舶

### （一）客船

客船可分为客船和客货船两种。其中，客船为运送旅客及其所携带行李的船舶，客货船为同时既能运送旅客又能装载少量货物的船舶。通常情况下，客船多为定期班轮，又称班轮。据《国际海上人命安全公约》规定，载客超过 12 人的船舶被视为客船。鉴于涉及生命安全，无论海上还是内河的客船，相对其他类型的船舶，其稳性、操纵性、抗沉性（采用"二舱不沉制"或"三舱不沉制"）以及救生、消防、通信等要求极高，并采用双桨双机，以满足客船高速性、操纵性和安全性的要求。随着科技的不断进步，客船可进一步分为远洋客船、沿海客船、旅游船、汽车客船、滚装客货船和内河客船。

### （二）货船

货船指专门用于装运货物船舶的总称。按照运载的货物性质，可将货船分类如下：

1. 干货船。指以装运干燥货物为主，也装运桶装液体货的货船。具体分为四种：（1）杂货船，以装运成包、成捆、成桶等杂货为主，也装运一些散装货的船舶；（2）散货船，指专门用于装运散装货物如运输粮食、矿砂、水泥建材、化肥等的干货船舶；（3）木材船，专门用于运载原木、木材的货船，与散货船的船型相近，在甲板两侧加装护栏可将木材装载于甲板上；（4）冷藏船，船型与杂货船接近，货舱内配备制冷设备，舱壁四周有良好的隔热效能，专门用来装运水果、蔬菜、鱼肉等容易腐烂变质的货物。

2. 液体货船。指专门用来装运散装液体货物的货船的统称。可分为油船、化学品船、液化天然气船、液化石油气船。

3. 载驳船。指专门运载驳船的船舶。

4. 集装箱船。又称"货柜船"，狭义指全部舱室、甲板均专门用于运输集装箱的船舶，广义上用于装载国际标准集装箱的船舶。外形狭长，单甲板，上甲板平直，货舱后较大，甲板与货舱口盖上装置有系固设施，便于系固甲板上的集装箱；货舱内装有固定的格栅导架，便于装卸和防止集装箱移位；通常以装载 20ft 换算标准箱的集装箱来表示集装箱船的运载能力，可以细分为部分集装箱船、全集装箱船、可变换集装箱船。目前，珠江水系西江流域的内河集装箱船舶发展十分迅猛，最大可装集装箱 200 标准箱，均为双底双壳、双机双桨、双尾结构的新型集装箱船，满载排水量 5000t 左右，具有节约装卸劳动力、降低货物损耗、提高运输效率等优点。

## 二、工程船舶

顾名思义，工程船舶就是指做工程的船，也可以说是各类从事工程作业船舶的总称。工程船舶分为挖泥船、起重船舶、布设船舶、救捞船、破冰船、打桩船舶、浮船坞、海洋开发船、钻井船、钻井平台等。

## 三、渔业船舶

渔业船舶分为拖网渔船、围网渔船、钓鱼船、渔业指导船、调查船、渔业加工船、捕鲸船等。

## 四、港务船舶

港务船舶分为拖船、引航船、消防船、供应船、交通船和助航工作船等。

## 五、特种船舶

特种船舶分为水翼船、气垫船、双体船和超导船等。

# 第三节　船舶吨位与载重线

## 一、船舶吨位

船舶水线以下体积排开水的重量就是船舶的浮力，同时等于船舶的总重量，这是阿基米德原理在航运方面的具体应用。船舶吨位分为两种，即容积吨和重量吨。

### （一）容积吨

这是依据船舶登记尺度丈量出船舶容积后计算得到的吨位，体现船舶空间大小，也称登记吨。容积吨又可分为总吨位、净吨位和运河吨位。

1. 总吨位也称总吨（Gross Tonnage，GT）。它是根据《船舶与海上设施法定检验规则》，引用国际海事组织《1969年国际船舶吨位丈量公约》的规则，丈量出船舶总容积（船舶全部封闭处所的容积之和）后，经公式计算得出。

$GT=KV$，其中 $V$ 指船舶所有围蔽处所的容积（$m^3$）；$K$ 指系数，即 $K=0.2+0.02\log_{10}V$。

船舶总吨主要用于：

（1）体现船舶规模大小，国家及船东对船舶拥有量的统计单位；

（2）船舶各种规则、规范和国际公约用于划分船舶等级，对船舶实施技术管理和设备规定的重要依据；

（3）船舶登记、检验、引水、码头和代理等费用计算的重要标准；

（4）造船费用、船舶买卖费用和船舶租赁费用的测算依据；

（5）保险人估算船舶保险费（主要运用于保赔保险）和海事索赔中船东责任限制的计算依据；

（6）计算净吨位的基础；

（7）国际劳工组织对船舶配员要求的依据。

2. 净吨位（Net Tonnage，NT）。丈量确定的船舶有效容积（能够载货处所的总容积，$m^3$），以吨位表示。从本质上说，净吨位是从总容积中扣除不能用于载货或载客的容积，例如船员居住舱室、物料舱室、机舱等。目前，净吨位是港口方向进港船舶收取各项港口费用，包括港口费、停泊费、进坞费、引水费、灯塔费和税费（吨税）等的重要依据。

3. 运河吨位（Canal Tonnage，CT）。由于各国及各港口的各项收费未形成统一的标准，具体计算的依据各有不同。凡经过巴拿马运河、苏伊士运河的船舶，须按运河当局规定的特定方法丈量船舶吨位，以此作为支付运河费的依据。

### （二）重量吨

重量吨分为排水量和载重量。

1. 排水量。船舶浮在水中时所排开的同体积水的重量称为船舶排水量。计算公式：$D=wV$。其中，$D$ 为排水量（t），$w$ 为水的密度（$t/m^3$），$V$ 为排水体积（$m^3$）。

（1）空载排水量。即船舶空船重量，指船舶装备齐全但无装载货物时的排水量，即空船重量加上船员、燃料、淡水、各类给养等重量引起的排水量。

（2）满载排水量。指船舶在装足货物、旅客、燃油、润滑油、淡水、物料、各类给养和行李，使得船舶吃水达到某载重线时的排水量（常规为夏季载重线）。

2. 载重量。指船舶在经营过程中具备的载重能力，又可分为总载重量和净载重量。其中，总载重量是指船舶在相对密度为 1.025 的海水中，吃水达到一水线时所装载的最大重量，包含货物、旅客、燃料、润滑油、淡水、各类给养、船员、行李和船舶常数等的重量；净载重量是指具体航次中船舶所能够装载的最大限度货物重量，即净载重量等于总载重量扣除旅客、燃料、润滑油、淡水、各类给养、船员、行李和船舶常数等的重量。

### 二、载重线

载重线指勘绘于船中两舷外板上，用于限制船舶最大吃水，确保船舶在不同区带、不同区域和不同季节航行所允许达到的满载水线。这里所提及的船舶是指以船舶首垂线和尾垂线为边界和这两条直线垂直的线的中点。首垂线是通过船舶首柱与设计水线的交点的垂线，尾垂线为舵杆中心线。《船舶与海上设施法定检验规则》对国际和非国际航线船舶的载重线标志的勘绘均有明确规定。不论船舶处于标准淡水水域还是标准海水水域，一旦船舶吃水超过载重线上缘，则表明船舶处于超载状态。船舶超载的直接后果就是导致船舶的稳性、抗风能力以及机动性下降。

我国国内航行船舶的载重线标志中除无冬季载重线外，分别有热带载重线（用字母"R"表示）、夏季载重线（用字母"X"表示）、热带淡水载重线（用字母"RQ"表示）和夏季淡水载重线（用字母"Q"表示）。内河船舶按照《内河船舶载重线规范》，国内航行船舶最小干舷小于国际航行船舶的最小干舷，尤其在内河航行A、B或C航区，航行上风浪较小，对船舶稳性、抗沉性要求较低（详见内河船舶载重线标志）。核定的干舷指船舶处从甲板线的上边缘向下量至相关载重线的上边缘的垂直距离。

船东应严格控制船舶装载，不得为了超载增加运费收入或逃避规费擅自上移或下移船舶载重线。船舶下移载重线需经船检部门审核通过，船舶上移载重线是违法行为。《中华人民共和国内河交通安全管理条例》第十四条规定："船舶在内河航行，应当悬挂国旗，标明船名、船籍港、载重线。"第六十八条规定：“违反本条例的规定，船舶在内河航行时，有下列情形之一的，由海事管理机构责令改正，处 5000 元以上 5 万元以下的罚款；情节严重的，禁止船舶进出港口或者责令停航，并可以对责任船员给予暂扣适任证书或者其他适任证件 3 个月至 6 个月的处罚：（一）未按照规定悬挂国旗，标明船名、船籍港、载重线的……”

# 第二章　内河船舶建造保险

得益于西江"黄金水道"、西部陆海新通道建设以及粤港澳大湾区等国家战略的实施，近年来广西水路运输持续快速发展，由此带动了广西流域内河船舶建造业务逐年增长，可供内河航运的船舶数量不断增加，船舶质量不断提升，越来越多具有高科技含量的船舶建造工艺的融入，使得船舶更具抗风险的能力，更加低耗环保。

建造内河船舶是内河航运的基础工作，船厂在船舶建造过程中面临着自然灾害、人为事故等风险，了解船厂面临的风险因素，有利于加强风险防范。了解评估船厂风险，需多维度关注相关因素，更有助于精准评估风险。通过了解船舶建造险有关试航、保险期间和保险金额确定等关键指标，全面掌握船舶建造保险实务。

合理分散船厂风险，除购买船舶建造保险外，还可通过购买雇主责任保险、团体人身意外伤害保险等途径实现。

## 第一节　内河船舶建造面临的风险因素

不可否认，不管是远洋船舶的建造，还是沿海船舶的建造，或是内河船舶的建造，船舶建造行业都被公认为是高风险行业。以西江流域船舶建造厂为例，主要特点如下：

一是船舶建造厂多建于沿江地区，从每年4月下旬开始，西江流域地区便进入雨季，受到洪水、暴雨、滑坡、泥石流等自然灾害影响较大。

二是船舶建造厂工作环境复杂，生产过程涉及高处作业、明火作业、有限空间作业。

三是造船过程中使用油漆、乙炔、工业用液化气等有毒、易燃易爆危险品，安全保障系数较低。

四是船舶建造属于劳动密集型行业，生产劳动强度大，从业人员流动性大，人员素质参差不齐，行业风险率相对较高，在所有行业中仅次于矿山行业。

五是船舶建造行业的工种繁多，且都是高危工种，如电工、焊工、管工（负责管路排布）、杂工、装配工等。船厂焊工多，作业过程容易爆炸起火，引发火灾事故。杂工还包括起重机工（吊车工，船厂吊车大多是大吨位的，重大事故往往都是吊车事故）、厂区叉车工（船厂厂区狭窄，叉车引发的事故时有发生）、现场协调工、油漆工和打磨工等，这些工种的从业人员时刻与高风险工作打交道，遭遇风险事故的概率大大增加。此外，装配工有时登高作业，容易引发跌落船舱事故。夏天，工人在船舱狭小的空间中工作，容易造成中暑。

六是船舶建造的工作流程和生产工艺非常复杂。一般情况下，生产中大多运用成组技术原理，以中间产品为导向，采用壳舾涂一体化区域造船，大体工艺可分为材料运入、卸装、钢材储存、钢材预处理、钢材理材、钢材切割加工、部件装焊、分段装焊、分段堆放及预舾装、分段涂装、分段总组及总段舾装、船台（船坞）合拢及坞内舾装、下水及码头舾装和船舶试验等。［注：舾装是船舶制造工艺的一种，也是当代船舶建造技术领域最为重要的内容，分为分段舾装、船坞（船台）舾装、码头舾装〕

上述船舶建造的特点，决定了船舶建造与其他行业比较，主要面临以下风险因素：

一是新船研发风险，主要体现在要不断加大新船研发力度，以赢得新船市场的领先地位。但是，新船研发所需的前期投入多少、研发计划是否达成，这一切都难以预料。

二是船舶建造厂业务主要来源于新船购买人即船东，而船东对船舶的偏好以及信誉问题，对船舶建造厂来说，具有一定的潜在风险。

三是造船合同中的风险尽管可控，但是对船舶建造厂来说，在与购船者签订建造船舶合同时稍有不慎，就有可能发生法律纠纷。

四是价格风险因素对船舶建造厂来说，永远是一个不可控风险因素。一方面，原材料价格会变动，建造成本难以控制；另一方面，建造一艘新船工期短则需要一年，长则需要数年，最终把新船建造好以后，新船舶的出厂价格是多少，能否具有市场竞争力，这些都是船舶建造厂难以控制的风险。

五是建造（技术）风险。由于新船购买者对船舶科技含量的要求，对船舶特殊的个性化需求等千变万化，船舶建造厂要满足这些需求，就要不断采用新材料、新工艺，因此增加了许多不确定因素。

六是自然灾害和意外风险的客观存在，这是不以人的意志为转移的。

七是原材料及船用设备供应风险。建造船舶所需要的原材料是否能按期、按量、按质供应，船用设备的供应是否能够如期送达，供应商的信誉如何，所供应的设备是否满足技术性能要求，如因技术出现问题需要返厂重建或改进，将延长建造船舶的时间，从而影响到船厂履约。这一切因素均是船舶建造厂自身不可控制的风险因素。

八是金融风险，这是船舶建造厂不可控制的风险。由于建造需要大量的资金，主要来源于银行融资贷款，受国际金融市场和国家金融政策变化的诸多因素共同影响，贷款利率不断波动，船厂贷款所需成本也不断变化。

九是海事标准增加（变化）风险不可控。国家的船舶管理政策随着国内外行业发展的变化而改变，使得新船建造标准也在与时俱进地变动，这是船舶建造厂需要高度关注的问题。

十是国家有关船舶管理政策法规变化的风险也是船舶建造厂又一不可控制的风险因素。

上述船舶建造厂面临的潜在风险因素，是否一定引发风险事故，什么时间节点发生，这些问题需要分析风险发生的主要诱因。

长期观察发现，船舶建造厂风险事故发生的诱因有高处坠落、物体打击、触电、火灾爆炸、起重伤害、中毒与窒息、车辆伤害、机器伤害、淹溺、容器爆炸、噪声危害、振动危害、粉尘危害、毒物危害、高温危害和辐射危害等。

## 第二节　评估船舶建造风险需关注的问题

生产安全无小事，不论是船舶建造厂的管理者，还是国家安全生产监督管理部门，评估船舶建造厂的风险时，应该从以下方面入手：

一是船舶建造厂是否拥有质量认证体系。

二是拟建船舶的类型，船舶的设计单位，此种设计是否为标准设计，此前是否有此种设计建造的同尺寸的船舶。

三是新建的船舶是否为模块化建造，所有模块是否都由同一船厂建造。

四是建造某船是否存在转包，转包商负责建造哪些部分，转包商资质和建同类型船的经验，转包商工作地址，转包商是否作为本保险的共同被保险人，转包商是否拥有质量认证体系。

五是船舶建造厂是否有建造同类型船舶的经验，如第一次建造此类型的船舶，由谁提供经验技术及负责技术培训。

六是谁是船舶的订造人或购买人，其信誉如何。

七是建造工期安排情况，每个重要模块的建造周期有多长，铺放龙骨时间和下水时间，船舶下水的方式。船舶下水方式主要有以下几种：

1. 重力式，包括纵向涂油滑道、纵向钢珠滑道和横向涂油滑道下水。

2. 漂浮式，用水泵或自流方式将水注入造船坞坑或修船坞坑，通过船舶自身浮力将船舶浮起。

3. 机械式，纵向船排滑道、两支点纵向滑道、楔形下水车纵向、高坡度横移区纵向滑道机械化下水。

4. 气垫下行方式（牵引下水法），在船舶底部加上气垫，船舶随着气垫下行而入水。目前，西江流域桂平大众船舶修造厂率先使用牵引下水法，其他各船舶建造厂纷纷效仿这种安全性、经济性、便捷性和高效性均最高的下水方法。

八是确定船舶价值，如交船时船舶各个部分的估价，预估每个重要模块的价值、电子设备的价值。

九是了解船厂的主要设备有哪些，船舶建造的具体位置，有无集聚的风险，例如船厂周边有无危险单位或建筑物等。

十是有无用于建造某船的专门特殊设备列入保险范围内。

十一是船厂有无防火安全预案，船厂既往事故记录。

十二是船舶下水后的试航计划，包括试航范围、试航时间和试航距离。

## 第三节 船舶建造厂分散风险一揽子方案

对于企业来说，分散自身经营风险的方法主要有以下方式：一是通过合同将风险转移给第三人（很难找到这样的第三人）；二是建立风险基金（成本过高）；三是风险自留（风险过大，一旦出险企业难以承受）；四是向保险人分散风险（成本低，保障可靠）。以下重点介绍向保险人分散风险的方案。

### 一、购买船舶建造保险

#### （一）船舶建造保险

船舶建造保险指以建造中的各类船舶或水上浮动的物体为保险标的的保险。凡在中华人民共和国境内合法登记注册的船舶建造单位，按照保险人认可的船舶建造规范建造的船舶及可移式平台，包括船体和安装于该船上的机器、设备、仪器，以及存放于厂区内的用于建造该船的材料设备，均可以购买船舶建造保险。

#### （二）可以向保险人转移的风险

1.由于"八级（含）以上大风、洪水、海啸、雷击、崖崩、泥石流、突发性滑坡"造成保险标的的损失。

2."火灾、爆炸"造成保险标的的损失。

3."船台、支架塌陷、空中运行物体坠落"造成保险标的的损失。

4."在厂区内运输、移动、吊装过程中发生碰撞、坠落事故"造成保险标的的损失（如存在分包情况，且保险人不承担建造材料、建成船体分段等在各分包船厂间、分包船厂同总装船厂之间的运输风险）。

5. 保险标的"下水、进出船坞过程中发生意外事故"造成的损失（自身的）和由此导致重新下水发生的费用。

6. 试航时"发生碰撞、搁浅、触礁，还包括水上自然灾害、水上事故引起的倾覆、沉没所造成的损失（自身的）"。

7. 试航时"碰撞他船舶或触碰码头、港口设施、航标"，致使上述物体（被碰撞的他船及所载货物、码头、港口设施和航标）发生的直接损失和费用，依法应当由被保险人承担的 3/4 赔偿责任，以保额为限。

8. 试航期间发生保险事故，被保险人为防止或减少损失而采取施救及救助措施所支付的"必要的、合理的施救或救助费用、救助报酬"。

### （三）不可通过船舶建造保险转移的风险

尽管购买了船舶建造保险，但是保险人对以下风险仍然不予承担赔偿责任。船舶建造厂仍需要购买其他保险作为补充，转移人员遭遇意外伤害风险。如船舶建造厂人员的死亡、伤残或疾病所应承担的责任和费用，可以通过风险自留、购买雇主责任保险或购买人身意外伤害保险的方式，转移企业风险。又如船舶建造厂自身的机器设备、加工工具及辅助材料的损坏风险问题，企业一方面可以自留，另一方面可以通过购买企业财产保险方式转移风险。

1. 以下原因引起在建船舶（即保险标的）损失，船舶建造保险不予承担：（1）保险合同中约定的免赔金额；（2）船舶建造厂及其代表的事故行为或违法行为；（3）核辐射、战争、军事行动、扣押、骚乱、罢工、哄抢和政府征用。

2. 下列损失及费用，船舶建造保险不予承担：（1）罚款；（2）一切人员的死亡、伤残或疾病所应承担的责任和费用；（3）任何设计、施工错误引起的建造材料、设备报废损失以及返工费用；（4）船舶建造厂自身的机器设备、加工工具及辅助材料的损坏；（5）清理航道，防止或清除污染，水产养殖及设施、捕捞设施、水下设施、桥的损失和费用；（6）船舶建造所需任何材料或产品保证合同内应负的责任；（7）建造合同中约定应由船舶建造委托人承担的责任；（8）任何间接损失，包括但不仅限于建造合同约定的违约责任以及由于拒收和其他原因造成的间接损失。

### （四）船舶建造保险中的几个关键问题

1. 保险人承保的区域范围。在建期间，承保的区域范围仅限于造（修）

船厂范围内。

2.试航期间界定（特指航行距离，1n mile=1.852km）。（1）一类航区的船舶，限航行300n mile以内；（2）二类航区的船舶，限航行150n mile以内；（3）三类航区的船舶，限航行100n mile以内；（4）内河船舶视同三类航区的船舶。

3.保险期间确定。（1）保单有效起止日期"以建造合同载明的建造周期为准"，除非双方另有约定；（2）交船后，保险合同即行终止；（3）保险船舶发生全损或推定全损时，保险责任即行终止；（4）提前完工的，按日退费；（5）推迟完工的，须经保险人同意，并按约定补缴延期的保费，保单才继续有效。保险人可接受已承保在建船舶的展期要求，展期保险按月收费；不足1个月，按1个月收费；展期费率为万分之一。

4.确定船舶建造保险的保险金额问题。（1）保险价值为船舶的建造价格或最后合同价格。（2）以暂定价值作为保险金额，船舶建造厂应在船舶建成或确定最后合同价格后15天内，通知保险人调整保险金额。暂定价值超过或低于保险价值的部分，保险人按比例加收或退还保险费。

5.船舶建造保险的保险金额确定方法。（1）保险金额＝保险价值，视为足额投保；（2）保险金额＜保险价值，视为不足额投保，按保险金额与建造价值的比例赔付；（3）保险金额＞保险价值，视为超额投保，超额部分无效，退还多收的保费。

需要特别说明的是，船舶建造保险有三个保额：一是保险船舶的保额，二是施救费用的保额，三是碰撞触碰的保额。只有船舶全损或推定全损，即第一个保额赔付完，保单责任终止。但是，第二、第三个保额，即便赔付完，保单仍然有效，保险责任自动恢复，且不需补交保险费。

6.保险费计算方法。内河船舶建造险的保险费率是一个建造周期的费率，具体计算公式：保险费率＝基本费率＋周期费率×建造周期。目前市场上通常的做法为，基本费率0.2%，周期费率0.01%，建造周期按月计算，同时结合市场竞争因素上下浮动。厘定船舶建造保险费率时，主要参考以下因素：

（1）船厂的技术及管理水平。船厂的造船技术设施与设备、造船技术能力及以往造船情况，船厂的管理状况，船厂的防灾、防损措施及救助系统，船厂的船台、船坞及环境等是判断风险水平的重要因素。

（2）损失经验。根据船舶的历史损失经验衡量其风险水平，历史赔付率高的风险水平较高，历史赔付率低的风险水平较低。

（3）续保优惠。续保业务在展业、核保等环节费用较低，因此可以给予一定的费率优惠。

（4）业务渠道。经纪人、代理人业务需要支付一定比例的中介费用，因此费率应高于直接业务。

（5）船舶试航区域。如一类航区、二类航区等，试航区域越大，风险水平越高。

（6）附加条款。附加条款包括扩展类、限制类、规范类三种。根据附加条款的种类和风险程度对费率水平进行调整，其中扩展类附加条款使风险水平提高，限制类附加条款使风险水平降低，规范类附加条款对风险水平没有影响。

### （五）船舶建造厂需做好的工作

即便购买了船舶建造保险，船舶建造厂也仍需做好以下工作：

1.最大诚信，准确回答保险人的问询，正确披露相关信息。投保人应为船厂，投保时须向保险人提供建船合同副本，且填写投保单；开工时，应提供建造进度表，及时向保险人报告保险标的内容变动或风险增加等；如发生风险事故，应在48小时内及时报告相关信息。

2.按约定缴纳保险费，这是船舶建造厂应尽的义务，也是保险合同是否生效的前提条件。船舶建造厂应在保险合同成立时，一次性交清保费；如分期付费的，应按约定按时支付保费；未按约定支付保费的，保险人有权通知投保人解除保险合同，解除时间从发出解除合同通知之时起算。

3.恪尽职守，避免事故发生。船舶建造厂应遵纪守法，采取合理的预防措施，避免发生意外事故；充分考虑被保险人提出的防灾防损建议并付诸实施；协助保险人对事故现场进行查勘；积极施救，最大限度减损。

### 二、购买雇主责任保险与团体人身意外伤害保险

根据《船舶建造保险条款》"除外责任"中第三款，"由于被保险人对雇佣的职工的死亡、伤残或疾病所应承担的责任和费用"是不予承保的，因此船舶建造厂应安排购买雇主责任保险、团体人身意外伤害保险，充分保障企业员工的人身安全。

（一）雇主责任保险

船舶建造厂向保险公司购买雇主责任保险后，在保险期间内，企业雇员在受雇过程中从事船舶建造有关工作时，因遭受意外事故所致受伤、死亡，或患与业务有关的职业性疾病所致伤残、死亡，依照中华人民共和国法律（不包括港澳台地区法律）应由被保险人承担的下列经济赔偿责任，保险人按照本保险合同约定负责赔偿：

1. 死亡赔偿金（按保险单载明的每人死亡赔偿限额赔付）。

2. 伤残赔偿金。（1）永久丧失全部工作能力，按保险单载明的每人伤残赔偿限额赔付；（2）永久丧失部分工作能力，根据医疗机构出具的伤残程度鉴定书，参照本保险合同所附"伤残赔偿额度表"规定的比例乘以每人伤残赔偿限额赔付。

3. 误工费用。暂时丧失工作能力超过 5 天以上的期间（由医院提供证明），按该雇员的工资给予赔偿误工费用，最长不超过 1 年。该雇员的工资是按事故发生之日或经医院证明发生疾病之日该雇员的前 12 个月的平均工资计算。不足 12 个月则按实际月数平均。

4. 医疗赔偿金。在每人医疗费用赔偿限额内，赔偿必要的、合理的在医院治疗的医疗费用。

【案例】2020 年 1 月 5 日 16：10，桂平市社步镇永兴船厂雇员梁××，在该船厂 2 号船台为 YXC2019-19 船进行舷侧纵骨安装施工，由于身体重心失稳，从约 1.5m 高处意外坠落在船旁地面上，造成头部受伤昏迷。紧急送医后经抢救无效，于当日 18：30 被医院宣布死亡。由于船舶建造保险项下第四条第三款"由于被保险人对雇佣的职工的死亡、伤残或疾病所应承担的责任和费用"是不予承保的，因此保险人在雇主责任保险项下启动赔付机制，按每人最高限额 60 万元赔付给该雇员法定继承人。

（二）团体人身意外伤害保险

船舶建造厂作为被保险人，由其所在单位向保险人集体办理投保手续后，保险人在一年保险期限内，为船舶建造厂员工因意外伤害事故导致死亡或残废的，按下列各款规定给付全部或部分保险金额：

1. 因意外伤害事故导致死亡的，给付保险金额全数。

2. 因意外伤害事故导致双目永久完全失明、两肢永久完全残废或一目永久完全失明同时一肢永久完全残废的，给付保险金额全数。

3.因意外伤害事故导致一目永久完全失明或一肢永久完全残废的，给付保险金额半数。

4.因意外伤害事故造成的伤害导致永久完全丧失劳动能力、身体机能，或永久丧失部分劳动能力、身体机能的，按照丧失程度给付全部或部分保险金额。

# 第三章 内河船东保障和赔偿责任保险

船东保障与赔偿责任保险也称为保赔保险。其属于船东的水上责任保险，最初起源于19世纪初的英国，中国的保险公司从1976年开始由中国人保承办保赔保险业务。目前在国内保险市场上，沿海与内河的船东保障和赔偿责任保险适用同一个保险条款。

随着珠江水系航运业的快速发展以及法律环境不断完善，《中华人民共和国合同法》《中华人民共和国保险法》《中华人民共和国海商法》《防治船舶污染海洋环境管理条例》以及交通部《关于不满300总吨船舶及沿海运输、沿海作业船舶海事赔偿限额的规定》等相关法律法规不断出台，内河船东购买保赔保险的意愿逐年提升。

内河船舶保赔保险对分散船东经营过程中的责任风险，与船壳保险形成有机补充。

掌握保赔保险的承保责任，包括人身伤亡和疾病责任、污染责任、残骸清除责任、提单及运单项下货物责任、碰撞责任和施救法律费用等的范围、责任限制，对满足船东需求和控制承保风险，关系重大。

了解不予承担的风险，有助于船东加强航运安全管理。熟练掌握检验检疫费用的分散风险方法，有助于船东应对和防范公共传染疾病威胁。

了解内河保赔保险的实务，包括信息收集、承保与理赔实务，便于保险双方加强合作，共同推动航运业良性健康发展。

## 第一节　承保责任

内河保赔保险承保的责任风险包括三大类：一是合同责任风险，二是侵权行为责任风险，三是其他应履行的责任风险。简单地说，该保险承保的责任风险是船东在船舶营运时，由于自身的责任或者过失依法产生的对第三者的赔偿责任，以及造成船舶发生普通船舶保险不承保的风险和损失。具体责任风险如下：

### 一、人身伤亡和疾病责任

该保险包含在船舶上工作的船员和除船员外的其他人员的人身伤亡、疾病或因此支出的医药费、住院费或丧葬费用。

与船东对船员责任保险对比，船东对船员责任保险只负责本船船员，保赔保险则负责本船船员和船上除船员之外的其他人员如旅客、引水员等；船东对船员责任保险是列明死亡或伤残责任，产生的医药费、住院费和伤残、死亡补偿费，保赔保险则除责任风险外还包括疾病产生的上述费用和误工费。

### 二、污染责任

保障船舶上的油类以及其他有毒有害的物质排放或泄漏所引起的，或由于存在这种威胁依照我国法律应由船东承担的经济赔偿或罚款。

### 三、残骸清除责任

保障船舶残骸以及船舶上的任何货物和财产实施移除、拆毁等所产生的费用。

### 四、提单或运单项下的货物责任

保障船舶对运输合同履行过程中发生的货物损坏、灭失、短少等应该承担的损害赔偿，由保险人按照合同约定负责赔偿。

## 五、碰撞责任

保障船舶与其他船舶发生碰撞应承担的赔偿责任和费用，由保险人负责赔偿。

被保险船舶与他船碰撞造成他船的财产损失，只能在船舶（船壳）保险一切险项下索赔，造成他船的污染和人身伤亡可在本合同项下索赔。

## 六、施救和法律费用责任

保障船舶发生事故时为防止和减少保险人全部或部分承保的责任或费用而额外支出的合理费用，以及有关的法律诉讼费用。

# 第二节　不予承担的风险

保赔保险不对由于下列原因引起的任何责任、损害、损失或费用负责：

一是战争、内战、革命、叛乱、骚乱及由此引起的内乱或任何交战国之间的敌对行为；

二是捕获、扣押、羁留或没收（船员的不法行为或海盗除外）及由此引起的后果；

三是水雷、鱼雷、炸弹、火箭、炮弹、爆炸品或其他类型武器（因被保险船舶运输此类武器而产生的责任或费用除外）；

四是任何核燃料、放射性制品、核废料、核装置或核武器的污染、辐射、泄漏、沾染等产生的责任、损失或费用，但装载于被保险船舶作为货物承运的供工业、农业、商业、医学或科学方面使用的上述物质产生的责任、损失或费用除外；

五是被保险船舶承运违禁品、偷越封锁线、从事非法贸易，以及本公司根据有关全部情况认为该船舶所进行的或与该船舶有关的任何不谨慎、不安全或不适当的运输、贸易、航程或其他活动；

六是被保险人的任何故意行为；

七是被保险人根据索赔提出的任何利息及船期损失；

八是被保险船舶的任何损失或损坏，以及在被保险船舶上属于被保险人拥有的设备，或由与其联合的公司、与其同属一个管理人的公司拥有或租用的任何财产损失或损坏；

九是任何运费、租金或租约取消的损失和滞期费的索赔；

十是任何为被保险船舶提供救助而产生的救助费用或其他费用，以及被保险船舶对他船进行救助或拖带产生的任何损失；

十一是任何船舶险保险单承保风险所列的责任和费用。

由于船舶上发生传染性疾病引发的费用，保赔保险主险项下是不予承担赔付责任的，必须通过选择购买其他附加险。

## 第三节　保赔保险附加检验检疫费用

船舶因传染性疾病检验检疫产生的费用，保赔保险不予承担。由此产生的检验检疫费用，包括检疫、消毒、物料及船员工资、津贴、伙食等费用，对于船东及船员来说，也是一笔不小的成本开支。船东可以就上述特定费用选择提供有保赔保险项下的附加保险，予以分散风险。

但下列原因造成的损失、费用和责任应由船东自行承担：一是被保险人及其代表的故意行为；二是被保险人在被政府部门要求停航之后，仍继续运营；三是被保险人明知或应该知道船舶将被检疫或消毒；四是船舶被检疫或消毒引起的船期损失、利润损失、滞期费、停租或船期延误赔偿责任；五是船舶被检疫或消毒时对船体造成的损坏，如火灾等。

附加检验检疫费用保险的赔偿责任限额应由投保人与保险人协商确定，并在保险单中载明，但是不宜超过 500 万元。

保险费 = 累计责任限额 × 基准费率 × 费率调整系数。在制定附加保险方案时应考虑以下因素：一是基准费率考虑为 1%，二是费率调整系数为以下各项调整系数之积。船舶总吨位调整系数、被保险人 / 船舶管理人风险管理水平调整系数、船舶类型调整系数、累计责任限额调整系数、船舶防疫情况调整系数、船员年龄分布调整系数、船舶疫区活动情况调整系数、绝对免赔率调整系数、赔付率调整系数情况见表 3-1 至表 3-9。

表3-1 船舶总吨位调整系数

| 船舶总吨位（GT） | 费率调整系数 |
|---|---|
| 0＜GT≤5000t | [0.5, 0.8] |
| 5000t＜GT≤7500t | (0.8, 1.0] |
| 7500t＜GT≤10000t | (1.0, 1.2] |
| 10000t＜GT≤20000t | (1.2, 1.4] |
| 20000t＜GT≤30000t | (1.4, 1.8] |
| GT＞30000t | (1.8, 2.5] |

表3-2 被保险人/船舶管理人风险管理水平调整系数

| 安全管理能力 | 费率调整系数 |
|---|---|
| 较强 | [0.6, 1.0) |
| 一般 | [1.0, 1.2) |
| 较弱 | [1.2, 1.5] |

表3-3 船舶类型调整系数

| 船舶类型 | 费率调整系数 |
|---|---|
| 客轮/客滚轮 | (1.0, 1.5] |
| 其他船舶 | [0.7, 1.0] |

表3-4 累计责任限额调整系数

| 累计责任限额（S） | 费率调整系数 |
|---|---|
| 0万元≤S＜50万元 | (1.2, 1.5] |
| 50万元≤S＜100万元 | (1.0, 1.2] |
| 100万元≤S＜300万元 | (0.8, 1.0] |
| 300万元≤S＜500万元 | (0.6, 0.8] |
| S≥500万元 | [0.4, 0.6] |

表3-5 船舶防疫情况调整系数

| 船舶防疫情况 | 费率调整系数 |
|---|---|
| 人员防护、卫生消毒等防疫措施安排较好 | [0.5, 0.8] |
| 人员防护、卫生消毒等防疫措施安排尚可 | (0.8, 1.0] |
| 人员防护、卫生消毒等防疫措施安排不足 | (1.0, 1.5] |
| 无相关防疫措施安排 | (1.5, 2.0] |

表3-6 船员年龄分布调整系数

| 船员40岁及以下人员占比（R） | 费率调整系数 |
|---|---|
| R ≥ 80% | [0.6, 0.8] |
| 60% ≤ R < 80% | (0.8, 1.0] |
| 40% ≤ R < 60% | (1.0, 1.2] |
| R ≤ 40% | (1.2, 1.4] |

表3-7 船舶疫区活动情况调整系数

| 船舶疫区活动情况 | 费率调整系数 |
|---|---|
| 船舶不在疫区活动 | [0.5, 0.8) |
| 船舶在疫区活动较少 | [0.8, 1.0) |
| 船舶在疫区活动适中 | [1.0, 1.3) |
| 船舶在疫区活动频繁 | [1.3, 1.6] |

表3-8 绝对免赔率调整系数

| 绝对免赔率 | 费率调整系数 |
|---|---|
| [0, 5%) | (0.95, 1.0] |
| [5%, 10%) | (0.9, 0.95] |
| [10%, 20%) | (0.8, 0.9] |
| ≥ 20% | [0.5, 0.8] |

表3-9 赔付率调整系数

| 上一年度赔付率（LR） | 费率调整系数 |
|---|---|
| LR ≤ 40% | [0.4, 0.6] |
| 40% < LR ≤ 50% | (0.6, 0.8] |
| 50% < LR ≤ 65% | (0.8, 1.0] |
| 65% < LR ≤ 80% | (1.0, 1.2] |
| 80% < LR ≤ 90% | (1.2, 1.4] |
| LR > 90% | (1.4, 2.0] |

注：首年承保赔付率调整系数为1.0。

## 第四节 承保与理赔实务

### 一、信息收集

承保前，保险人应对本地区航运市场情况开展调研，收集包括但不仅限于以下信息：一是不同类型船舶数量和分布情况，新、旧船舶年平均变动趋势；二是各类船舶用途、船龄、总吨位和航行区域情况；三是水上交通事故发生频率、事故类型及风险事故规律；四是船舶检验机构和海事主管部门对水上交通安全的管理情况；五是保赔保险业务的市场主体和业务竞争情况；六是船东经营管理状况、在运输行业的信誉、资金是否充足、主要经营航线和主要运载货物等情况。

### 二、承保实务

**（一）投保人资格的审核**

通过投保单提供的信息，确定投保人的资格。

**（二）确定承保方案**

1.项目与责任限额：提单或运单项下货物责任，每次事故责任限额 × × 万元，累计责任限额 × × 万元。

2.残骸清除：每次事故责任限额 ×× 万元，累计责任限额 ×× 万元。

3.施救和法律费用：每次事故责任限额 ×× 万元，累计责任限额 ×× 万元。

4.人身伤亡责任限额：每人每次事故责任限额 ×× 万元，累计责任限额 ×× 万元。

5.碰撞责任限额：每次事故责任限额 ×× 万元，累计责任限额 ×× 万元。

6.污染责任：每次事故责任限额 ×× 万元，累计责任限额 ×× 万元。

需要特别说明的是，上述六项责任可以同时投保，也可以投保当中的某一种或某几种。

### （三）明确免赔额 / 免赔率

1.人身伤亡与疾病责任：每人每次事故免赔额 ×× 元。

2.其他责任：每次事故免赔额 ×× 万元或损失金额的 10%，两者以高者为准。

### （四）厘定收费标准

1.一般情况下，船舶按 10～150 元 / 总吨收费；不足 1000 总吨的船舶，按 1000 总吨收费；超过 1000 总吨的船舶，按实际总吨收费。

2.厘定费率时，主要参考因素为船舶类型、船龄、船级、船舶吨位 / 功率、船舶特征、航行区域、船东管理船舶的能力等。

## 三、理赔实务

### （一）理赔流程

1.接受报案。

（1）被保险人获悉发生保险事故后，应马上通知保赔保险人，并采取一切措施避免损失进一步扩大。

（2）保赔保险人的理赔人员应做好以下工作：一是要求被保险人提供有效的保险单或保险单编码；二是指导报案人或被保险人填写保赔保险出险通知书；三是做好报案登记，详细记录出险时间、出险地点、出险原因、船舶名称、预计损失程度、报损金额、施救措施、报案人名称以及联系方式等。

2.立案。依据报案所提供的信息，查阅保单副本，如无异议，马上予以立案。

3.事故查勘。应迅速派员查勘事故第一现场，初步确定事故原因、损失范围、损失程度。

（1）拍摄事故现场和船舶受损照片。

（2）做好调查笔录，收集船舶证书、船员证书，调阅并复印航行日志；了解事故发生前船舶航行情况、配员情况和货物配载情况；了解事故经过以及施救情况。

（3）勘验损失程度，甄别哪些是本次事故造成的损失，哪些是被保险人未恪尽职守导致损失扩大部分；哪些损失属于保险责任，哪些损失不属于保险责任。

4. 确定责任。保险人应依据事故查勘掌握的详细信息，对照保险单约定的保险事项，确定责任归属。

5. 核赔工作。确定被保险人先行赔付并向保赔保险人提出索赔后，理赔人员应审核包括但不仅限于以下单证：（1）保险单原件；（2）被保险人应负赔偿责任的证明材料，包括法院判决、船员雇佣协议、运输合同（提单或运单）、租约文件、海事部门出具的强制打捞令、海事调查报告、检验报告等；（3）被保险人拟与第三方签署的有关合同，包括人身伤亡赔偿协议、货损赔偿和解协议、残骸打捞合同、清污合同等；（4）被保险人实际损失的证明材料，包括人身伤亡医疗费、交通费单据、丧葬费、罚款收据、货物索赔方签字盖章的收据和责任解除书等；（5）被保险人已赔付证明，船东已付赔款的银行凭证。

6. 结案。核赔工作结束后，应出具结案报告、赔款计算书。赔款结束后，将赔款计算书副本留存归档。

**（二）保赔保险理赔环节重点关注问题**

1. 人身伤亡和疾病责任的赔偿。人身伤亡限额指船东按法律、合同对船员或船上其他人员的人身伤亡承担赔偿责任的限额。只有船东按雇佣合同、运输合同和出险当地的法律赔偿超过或等同规定的限额时，保赔保险人才按限额赔偿，并应在要求船东提供被赔偿者或其家属收到此项赔偿的收据后，方可赔付。

2. 污染责任即油污损害责任的理赔。由于涉及环境保护问题，因此要掌握准确的有关信息；做好油污清理，减少油污损害程度；做好环境资源调查取证，预防索赔人提出无理索赔要求。

3.清除残骸责任的处理。清除残骸必须以法律或规定强制船东做出的打捞、清理或拆除为前提，船东自愿清除不在保赔保险承保范围内。

4.提单或运单项下的货物责任的理赔处理。在国内运输中，承运人对所运输的货物承担全责，船东对货损、货差除人力不可抗拒外，要承担全部赔偿责任。因此，一要厘清船东在运输货物过程中的地位和实际货物所有人之间的关系，二要确定货物实际价值和实际损失情况，三要确定船东是否违反运输合同承担未恪尽职守造成货物损失的赔偿责任。

5.碰撞责任的理赔。保赔保险只承担碰撞责任比例赔偿的下列责任：打捞船舶或货物残骸的费用，人身伤亡所引起的医疗、丧葬等费用，对水域的污染，不能从船舶保险人处得到赔偿的碰撞责任部分仅以该船舶按照实际价值足额投保后超出的部分为限，碰撞固定或浮动物体的延迟或丧失使用的间接费用，与碰撞有关的避碰行为不当等造成第三方船舶的损失。

# 第四章  内河船舶保险

通过对内河船舶保险产品历史进行梳理及产品主险、附加险介绍，有助于船东了解保险产品，并结合自身的需求，选择购买相应保险险种。

熟练掌握全损险、一切险承保责任范围，对后续妥善处理保险索赔案件有重要帮助。

了解保险产品"3/4 碰撞责任"、投保人义务等问题，有助于提醒船东（被保险人）时刻注意航行安全，减少碰撞事故的发生，正确履行自身义务。

## 第一节  内河条款主险

为发挥商业保险在国民经济中特有的经济补偿功能，国务院决定从 1979 年 4 月开始，恢复办理国内财产保险。中国人保决定从 1981 年开始恢复办理国内船舶保险业务，其目的就是为了振兴和促进航运安全，保障船舶所有人、经营人和第三者的经济利益和维护社会稳定。同年 4 月，中国人保参照《1976 年船舶保险条款》，制定了《1981 年国内船舶保险条款》，此条款适用于国内任何从事沿海、内河运输和作业的企业、机关、团体和个人所有的船舶。1987 年 5 月，财政部、公安部、交通部、农业部等八部委联合颁发《关于加强乡镇船舶安全监督管理的通知》，明确规定乡镇船舶要办理船舶保险（含碰撞责任）。1988 年，中国人保修改了《1981 年国内船舶保险条款》，并经中国人民银行批准，颁布了《1988 年国内船舶保险条款》。1996 年 11 月 1 日，中国人民银行组织中国人保、中国平安保险公司、中国太平洋保险公司对《1988 年国内船舶保险条款》进行修改与论证后，颁布并明确在全国范围内统一实施《1996 年沿海内河船舶保险条款》（含《费率规章》《条款解释》）。2008 年，中国人保再次修订《1996 年沿海内河船舶保险条款》，该条款被拆分为《沿海船舶保险条款（2009 版）》和《内河船舶保险条款（2009 版）》。本次修订条款不仅是一次简单的条款拆分，而且解决了沿海船舶和内河船舶适用同一个条款，承保时出现风险不对称的矛盾问题，例如沿海船舶抗风能力强于内河船舶，如果也将"舵、螺旋桨、桅、锚、锚链、橹和子船"的风险剔除，对沿海船舶有失公平；同时，拆分后的条款，针对性与逻辑性更强，例如《内河船舶保险条款（2009 版）》将原八级以上（含八级）大风的承保风险改为六级以上（含六级）大风，保留与内河船舶相关的"崖崩""滑坡""泥石流""冰凌"等风险，同时剔除"洪水"风险。

以中国人保《内河船舶保险条款（2009 版）》为例，该条款是针对在中华人民共和国合法登记注册、从事内河航行的船舶而设计的一款保险产品。按《中华人民共和国保险法》规定，该条款包括总则、保险责任、除外责任、保险期间、保险金额和保险价值、投保人 / 被保险人义务、赔偿处理、争议处理和法律适用、附则九个部分内容，共 26 条。其中，保险责任分为全损险、一切险两个险别。

## 一、全损险

全损险是指在保险期间内，由于下列原因造成保险船舶的全损，保险人按照约定负责赔偿：一是 6 级以上（含 6 级）大风、地震、雷击、崖崩、滑坡、泥石流、冰凌；二是火灾、爆炸；三是搁浅、触礁、碰撞及触碰；四是由于上述一至三项灾害或事故引起的倾覆、沉没；五是船舶失踪。

## 二、一切险

一切险是指在保险期间内，除了负责上述全损险五项原因造成保险船舶的全损或部分损失，产生的下列责任和费用，保险人按照约定负责赔偿：

### （一）碰撞及触碰责任

保险船舶在可航水域与其他船舶、码头、港口设施、船闸、航标发生接触性的碰撞或触碰，造成上述被碰撞物体的直接财产损失或引起的费用，包括被碰撞船舶上所载货物的直接损失，依照中华人民共和国法律应当由被保险人承担的侵权经济赔偿责任，保险人负责赔偿。但本保险对此种碰撞、触碰责任仅负责被保险人应承担赔偿金额的四分之三，最高不超过责任限额。

本碰撞及触碰责任的赔偿限额为保险船舶的保险金额，在保险期间内累计赔偿额达到责任限额时，本项保险责任终止。在被保险人征得保险人书面同意并加交保险费后，本项保险责任恢复。

### （二）救助与施救

本保险负责赔偿被保险人在发生保险事故时，为保险船舶的航行安全而支出的必要合理费用，包括为确定保险事故的性质、程度而支出的检验、估价的合理费用，以及为执行保险人的特别通知而支出的费用，保险人在保险船舶损失赔偿之外另行支付。保险人对本项规定费用的支付，凡涉及船货共同安全的，以获救保险船舶的价值占获救船、货、运费的总价值的比例为限，且不超过保险金额。

### 三、关于四分之三碰撞责任问题

船舶碰撞指保险人对水上事故风险的承保。船舶碰撞责任是保险人对水上责任风险的承保，是对保险船舶发生碰撞造成他船损失依法承担赔偿责任的损失给予的一种补偿。上述一切险项下的"碰撞、触碰责任仅负责被保险人应承担赔偿金额的四分之三"，剩余的四分之一赔偿数额由被保险人自己承担，其目的在于提醒船东（被保险人）要时刻注意航行安全，减少碰撞事故的发生。

### 四、投保人 / 被保险人义务问题

一是应如实填写投保单并回答保险人提出的询问。在保险期间内，投保人或被保险人应对其公司、保险船舶发生变化影响保险人利益的事件如实告知，对于保险船舶出售、光船出租、变更航行区域或保险船舶所有人、管理人、经营人、名称、技术状况和用途的改变、被征购征用，应事先书面通知保险人，经保险人同意并办理批改手续后，保险合同继续有效。否则自上述情况出现时保险合同自动解除。

二是应在保险合同成立时缴纳保险费。保险费交付前发生的保险事故，

保险人不承担赔偿责任。

三是被保险人及其代表应当严格遵守港航监督部门制定的各项安全航行规则和制度，做好保险船舶的管理、检验和维修，确保保险船舶的适航性。若被保险人及其代表未严格遵守港航监督部门制定的各项安全航行规则和制度，或未做好保险船舶的管理、检验和维修，或未能确保保险船舶的适航性违反本款规定，保险合同自动解除。

四是被保险人一经获悉保险船舶发生保险事故，应在 48 小时内通知保险人，并采取合理措施避免或减少损失，被保险人收到保险人有关采取防止或者减少损失的合理措施的特别通知后，应按保险人通知的要求处理。否则，保险人对于因此而扩大的损失进行合理扣减。

五是被保险人与有关方面确定保险船舶应承担的责任和费用时，必须事先征得保险人书面同意。

## 第二节　内河条款附加险

### 一、附加险条款名称

中国人保《内河船舶保险条款（2009 版）》附加险包含以下多项：一是内河船舶保险附加拖轮拖带责任保险条款，二是内河船舶保险附加船东对船员责任保险条款，三是内河船舶保险附加船东对旅客责任保险条款，四是内河船舶保险附加四分之一碰撞及触碰责任保险条款，五是内河船舶保险附加螺旋桨、舵、锚、锚链及子船单独损失保险条款，六是内河船舶保险附加四分之三碰撞及触碰责任、救助与施救保险条款，七是内河船舶保险附加承运货物责任保险条款，八是内河船舶保险附加油污责任保险条款，九是内河船舶保险附加触碰桥梁及附属设施、水产养殖及设备、捕捞设施、水下设施责任保险条款等。

本书仅对"螺旋桨、舵、锚、锚链及子船单独损失保险条款"与"触碰桥梁及附属设施、水产养殖及设备、捕捞设施、水下设施责任保险条款"分别进行详细解释。

## 二、附加险条款解释（部分）

### （一）附加船东对船员责任保险

在投保中国人保《内河船舶保险条款（2009版）》主险的前提下，方可购买本附加险。

1. 承保责任。保险期间内，保险船舶在航行或停泊中船上在岗船员发生死亡或伤残，依法应由被保险人（船东）对船员承担的医疗费、住院费、伤残或死亡补偿费，保险人按照本保险合同的约定负责赔偿。

2. 赔偿处理。

（1）发生本保险责任范围内的事故，被保险人应于48小时内将详情通知保险人。

（2）本保险项下的索赔，被保险人如依法能从第三者获得赔偿时，本保险仅对差额部分予以赔偿；被保险人如能从其他保险合同获得赔偿时，本保险视为重复保险，按重复保险相关规定予以赔偿。

（3）发生涉及第三者或其他与本保险责任有关的保险案件时，在征得保险人书面同意的前提下，被保险人可自行雇佣律师或他人处理。

（4）除非保险人书面同意下列情况，否则保险人对因此而扩大的损失有权拒绝赔偿：被保险人未按上述第一项规定将事故情况通知保险人，被保险人在事故发生之日起2年内未向保险人提供有关索赔单证。

（5）对索赔案件或可能向保险人索赔的事故、事件或事项，被保险人应听取保险人的处理和解决意见，否则保险人对因此而扩大的损失有权拒绝赔偿。

（6）被保险人对船员责任保险赔偿比例见表4-1。

（7）每位船员每次事故医疗费用免赔额为500元。

表4-1　被保险人对船员责任保险赔偿比例

| 序号 | 伤害程度 | 保险合同约定每人伤亡责任限额的百分比（%） |
|---|---|---|
| 1 | 死亡 | 100 |
| 2 | 永久丧失工作能力或一级伤残 | 100 |
| 3 | 二级伤残 | 80 |
| 4 | 三级伤残 | 65 |

续表

| 序号 | 伤害程度 | 保险合同约定每人伤亡责任限额的百分比（%） |
|------|----------|------------------------------------------|
| 5 | 四级伤残 | 55 |
| 6 | 五级伤残 | 45 |
| 7 | 六级伤残 | 25 |
| 8 | 七级伤残 | 15 |
| 9 | 八级伤残 | 10 |
| 10 | 九级伤残 | 4 |
| 11 | 十级伤残 | 1 |

注：本表伤残等级参照《职工工伤与职业病致残程度鉴定》（GB/T 16180—1996）。

### （二）附加螺旋桨、舵、锚、锚链及子船单独损失保险

增加本附加险的目的是满足信誉好的被保险人及其所属大船的需求。在投保中国人保《内河船舶保险条款（2009版）》主险的前提下，可以购买本附加险。

1. 承保责任。保险船舶在航行、运输或停泊中发生保险责任范围内事故，导致保险单所列的螺旋桨、舵、锚、锚链及子船发生单独损失或因此产生的修理费用。

2. 赔偿处理。保险船舶发生全损或部分损失时，螺旋桨、舵、锚、锚链及子船的损失及费用在保险合同主条款中已确定的赔偿，本保险不再另行赔偿。

### （三）附加承运货物责任保险

在投保中国人保《内河船舶保险条款（2009版）》主险的前提下，方可购买本附加险。

1. 承保责任。

（1）在保险期间内，保险船舶在载货运输过程中，由于被保险人的过失，造成船舶发生火灾、爆炸、碰撞、触碰、搁浅、触礁，以及因上述意外事故造成船舶的倾覆、沉没，致使保险船舶上所载货物遭受直接损失，依法应由被保险人承担赔偿责任时，保险人按照本附加险合同的约定负责赔偿。

（2）经保险人事先书面同意，被保险人因上述原因造成承运货物损失而被提起仲裁或者诉讼的，对应由被保险人支付的仲裁或者诉讼费用以及其他必要的、合理的费用，保险人按照本附加险合同的约定也负责赔偿。

2. 赔偿处理。

（1）保险人的赔偿以仲裁机构裁决的、法院判决的或者经赔偿请求人、被保险人双方协商并经保险人认可的应当由被保险人承担的赔偿责任为依据。

（2）发生保险事故时，保险人对货物每次事故赔偿金额不超过保险合同列明的责任限额；对被保险人所支付的必要的、合理的施救费用，保险人将这部分费用与对货物实际损失的赔偿合并后在一个责任限额内负责赔偿。保险人对保险责任范围内的货物损失和施救费用的赔偿金额一次或累计达到责任限额时，保险责任即行终止。对被保险人在每次事故中实际发生的法律费用，保险人在货物损失的赔偿金额之外按本附加险合同的约定另行计算。

（3）收到被保险人的索赔通知后，保险人应及时做出核定并将核定结果通知被保险人，对属于保险责任的，保险人应在与被保险人达成有关赔偿协议后 10 日内，履行赔偿义务。

（4）承运货物发生损失后的残余部分，应协商作价折旧归被保险人，并在赔偿中扣除。

（5）本保险人负责赔偿损失、费用和责任时，如有重复保险的情况，保险人按照本保险合同的相关责任限额与所有有关保险合同的相关责任限额总和的比例承担赔偿责任。其他保险人应承担的赔偿金额，本保险人不负责垫付。

（6）免赔额：每次事故扣除的免赔额为 1 万元或核定赔偿金额的 10%，两者以高者为准。

（7）法律费用不得超过责任限额的 20%。

**（四）附加油污责任保险条款**

在投保中国人保《内河船舶保险条款（2009 版）》主险的前提下，方可购买本附加险。

1. 承保责任。在保险期间内，由于保险船舶上的油（包括船舶本身的燃油、机油及所载油品货物）泄漏而造成的水域污染，保险人按下列约定承担赔偿责任：（1）被保险人采取合理措施清除或减少污染而支付的费用；（2）因服从政府或有关当局为防止或减轻污染或污染风险发出的命令或指示，被保险人承担的费用或责任时，这种费用或责任以不能从保险船舶的主险赔偿为前提；（3）被保险人依法对第三者的污染损害应承担的赔偿责任；（4）被保险人因保险事故而应支付的仲裁或诉讼费用以及其他必要的、合理的费用，但需事先征得保险人同意。

2. 赔偿处理。（1）被保险人必须先行付清由于保险船舶上的油泄漏所产生的费用或解除其相关责任；（2）保险船舶一次或累计的赔偿金额达到赔偿限额时，本附加险责任终止。

### （五）附加四分之一碰撞及触碰责任保险

在投保中国人保《内河船舶保险条款（2009 版）》主险的前提下，方可购买本附加险。

在保险期间内，本保险负责赔偿《内河船舶保险条款（2009 版）》第五条第一款船舶碰撞及触碰责任不负责赔偿的四分之一部分，但在保险期间内一次或累计赔偿金额以船舶保险金额的四分之一为限。且本保险（主险和附加险）累计碰撞、触碰责任的赔偿金额以船舶险的保险金额为限。

### （六）附加触碰桥梁及附属设施、水产养殖及设备、捕捞设施、水下设施责任保险

在投保中国人保《内河船舶保险条款（2009 版）》主险的前提下，方可购买本附加险。

1. 保险责任。（1）在保险期间内，保险船舶在可航水域触碰桥梁及附属设施、水产养殖及设备、捕捞设施、水下设施（不含水底电缆），致使上述物体发生的直接损失和费用，依法应当由被保险人承担的赔偿责任，保险人负责赔偿；（2）经保险人事先书面同意，被保险人因对上述设施造成损害而被提起仲裁或者诉讼的，法律费用每次事故及多次事故承担的累计责任限额不得超过条款中第四条列明的责任限额的 20%，且在保险单载明的责任限额以外另行计算，具体以保险合同载明为准。

2. 赔偿处理。（1）发生保险责任范围内的事故，被保险人必须于 48 小时内将详情通知保险人，对未按约定时间通知导致保险人无法对事故原因及损失进行合理查勘与核实的，保险人对无法勘察与核实的损失部分不承担赔偿责任；（2）发生保险责任范围内的事故，经保险人书面同意，被保险人可以自行雇请律师或其他人处理，也可以委托保险人指定或雇用律师或其他人处理；（3）对索赔案或可能向保险人索赔的事故、事件或事项，被保险人应尊重并采纳保险人提出的处理和解决意见，否则保险人对被保险人的赔偿仅以按保险人的处理和解决意见应承担的赔偿金额为限。

# 第五章　内河船舶保险承保实务

内河航运作为现代运输体系的重要组成部分，是内河水力资源科学开发和综合利用的重要内容之一。内河航运具有运量大、运输成本低、综合能耗低的优势，对送达时效较低、价格不高且数量大的大宗商品（如水泥、碎石、煤炭等）具有较大的吸引力。以珠江水系西江流域为例，广西规划了2010～2030年发展蓝图，将西江"黄金水道"建设上升为国家战略，最大限度提高船舶通航能力，形成铁路、公路、水路相互衔接、优势互补的综合交通运输体系，推动西部陆海新通道建设，有效降低综合物流成本，为产业拓展、提升、集聚提供有力支撑。可以预见，内河航运将得到进一步发展，内河船舶经营者的船舶建造、船舶航行、船舶维修保养等阶段的保险需求必将快速增长。

内河船舶保险其实就是船壳保险，是以船体、船上机器、设备和助航仪器作为保险标的的保险。目前国内财产险类的保险公司均可以提供内河船舶保险服务。内河船舶保险承保实务可以分为展业阶段和承保（核保）阶段。

内河船舶保险是内河航运最基础、最烦琐的工作。了解掌握展业应调研的内容，提前储备知识，有效开展业务宣传，对保险人开展后续服务意义重大。

保险人务必掌握承保原则，指导投保人正确披露信息，完善投保手续。同时，依据风险评估结果，合理设计保险方案，认真审核各项材料，完成承保任务。

## 第一节　展业阶段

展业是保险公司提供保险服务的基础性工作。总的来说，为了精准把握标的风险状况，展业人员应了解船舶承保前的风险状况：船舶是否具备符合中国利益的前提条件；船东是否已被列入保险人内部风险控制名册中的负价值客户；船舶所属的船东及管理人员是否具有管理同类船舶经验，业务素质是否达到要求；船东和管理者管理或拥有船舶数量、船舶类型等情况；通常考察不应低于五年期限内船舶出险记录；内河船舶配员资质的信息；船舶所在船务公司安全管理相关证书是否齐全，安全生产管理制度是否有效落实；船务公司对所属船员的培训，应包括安全生产教育部分的内容，保证船员具备必要的安全生产知识，熟悉有关安全生产规章和安全操作规程，掌握本岗位安全操作技能，了解事故应急处理措施，知悉自身在安全生产方面的权利和义务。为此，展业人员须进行必要的调研工作。

### 一、调研内容

调研工作必须结合本区域情况开展：一是各种类型船舶数量及分布情况，每年新、旧船舶平均增减变化趋势；二是各种类型船舶主要航行区域和船舶用途、船龄结构、总吨位及载重吨位、船舶主机功率等；三是内河船舶交通事故发生频率、事故特征、事故主要原因以及事故发生的规律；四是船舶检验机构对船舶检验具体情况以及港航管理部门、海事管理部门对内河水上交通管理情况；五是船舶保险市场的占有情况及保险竞争趋势；六是主要航运企业以及所属船队经营情况、挂靠关系及隶属关系；七是船舶建造及船舶买卖的市场行情。

### 二、展业人员必备知识

一是学习掌握内河船舶及内河船舶保险相关知识，准确把握船舶保险条款、各种附加险条款、保险条款解释与答疑、保险方案的设计、保险费率与费率规章。

二是精准了解船舶保险与船舶附加险的被保险人、保险标的、保险责任范围、除外责任范围等。

三是娴熟掌握保险金额的确定方法、事故查勘技能、理赔处理技能及赔款计算方法。

四是全面了解国家和地方有关船舶、水上交通事故处理、船舶管理的相关法律法规。对一些新规定要及时了解，以便评估对开展承保业务的影响。如《国内水路运输管理规定》中规定"按照船舶最低安全配员标准，明确仅经营小型船舶的国内水路运输经营者的专职海务、机务管理人员不再强制要求具备船长、轮机长或大副、大管轮从业资历；推动政务服务事项网上办理和电子证照共享；精简班轮航线运营许可证件和备案事项；明确从事国内水路运输的船舶，既可随船携带《船舶营业运输证》也可提供具有同等效力的可查验信息"。这一新政策的推出将改变以往惯例、保险承保与理赔流程，保险人应及时掌握此类政策变化。

五是学习和掌握船舶检验相关知识，读懂各类船舶证书和船舶检验报告的内容，精准掌握船舶的技术状态；配合审核各种检验报告，注重该船舶是否按期进行各种法定检验，未了事项（遗留项目）是否按期予以消除，确实识别拟承保标的船舶潜在风险，科学厘定承保费率和制定承保方案，为后续开展承保工作夯实基础。

六是精心准备各种船舶保险宣传资料（包括保险人简介等）、投保单、问询单、个人名片等。

七是遵守所在保险公司的各项规章制度，注重个人职业操守。

### 三、宣传展业活动

上述两项工作准备妥当后，保险公司展业人员就可以有的放矢地对外开展宣传工作。

一是宣传工作应结合本区域特点（包括民风、民情）和既往内河船舶保险典型案例，通过对商业保险具有的功能以及参加内河船舶保险的目的、意义等进行宣传引导，调动广大船东参加内河船舶保险的积极性。

二是耐心地向投保人说明船舶保险条款的主要内容，如内河船舶保险的责任范围、保险金额的确定、出险后的理赔处理程序，联系人和联系电话等。

三是重点向投保人说明保险除外责任的全部内容，不得有任何的隐瞒与误导行为，诚信开展服务。

四是温馨提示被保险人应尽的具体义务。如应如实填写投保单内容，准确回答保险人提出的问询；因为保险费交付前发生的保险事故保险人不承担赔偿责任，因此保险人务必提醒投保人或被保险人，当保险合同订立时应按规定缴纳保险费；被保险人应严格遵守港航监督部门制定的各项安全航行制度，做好保险船舶的管理、检验、维修，保持船舶的适航性、适货性和适人性；获悉船舶发生保险事故时，应及时通知保险人，并采取合理措施避免和减少损失等。

五是保险人与被保险人（投保人）双方均应遵循最大诚信原则。此外，保险人还应坚持贯彻忠诚服务、笃守信誉的服务宗旨，详尽地向投保人介绍投保单的内容、投保手续和投保后应得到的保险保障。

六是保险人应将大型航运企业作为重点展业对象，登门进行宣传展业，必要时配备专职服务人员，设计专门的保险建议书，采取"一企一策"的服务措施。

## 第二节　承保阶段

承保是内河船舶保险经营中一项至关重要的工作，在保险业务流程中处于核心地位。能否做到准确评估保险标的风险，将直接影响保险人能否实现赢利承保主要包括以下两项内容：一是保险合同正式签订的前期准备工作，二是正式签订保险合同。

### 一、承保原则

依照《中华人民共和国保险法》第十一条规定："订立保险合同，应当协商一致，遵循公平原则确定各方的权利和义务。除法律、行政法规规定必须保险的外，保险合同自愿订立。"第十六条规定："订立保险合同，保险人就保险标的或者被保险人的有关情况提出询问的，投保人应当如实告知。投保人故意或者因重大过失未履行前款规定的如实告知义务，足以影响保险人决定是否同意承保或者提高保险费率的，保险人有权解除合同。……投保人故意不履行如实告知义务的，保险人对于合同解除前发生的保险事故，不承担赔偿或者给付保险金的责任，并不退还保险费。投保人因重大过失未履行如实告知义务，对保险事故的发生有严重影响的，保险人对于合同解除前发生的保险事故，不承担赔偿或者给付保险金的责任，但应当退还保险费。"

从上述法律角度思考，保险人在承保环节应遵循以下原则。

### （一）诚实信用原则

诚实信用是民法的基本原则，《中华人民共和国民法通则》第四条规定："民事活动应当遵循自愿、公平、等价有偿、诚实信用的原则。"《中华人民共和国保险法》第五条规定："保险活动当事人行使权利、履行义务应当遵循诚实信用原则。"保险人应当主动向投保人解释条款内容，包括承保责任范围、除外责任、免赔条件、合理报价等；投保人应当如实反映保险标的的风险状况，准确披露和回答保险人提出的询问，保险期间内如保险标的风险增加时要如实向保险人反馈。

### （二）公平互利、自愿订立原则

《中华人民共和国保险法》第十一条规定："订立保险合同，应当协商一致，遵循公平原则确定各方的权利和义务。"保险人在与投保人签订保险合同时，不得违背这一法律规定。《中华人民共和国合同法》第三条规定："合同当事人的法律地位平等，一方不得将自己的意志强加给另一方。"当事人依照个人意愿自主决定是否签订合同，有权利选择与谁签合同，合同的内容在不违法的前提下自愿约定，履约中可以协商变更、补充相关内容，双方同意时可以解除合同，可以自愿选择解决争议方式。

### （三）不损害公共利益原则

《中华人民共和国保险法》第四条规定："从事保险活动必须遵守法律、行政法规，尊重社会公德，不得损害社会公共利益。"保险人务必遵守此项规定，在与投保人协商业务时不得损人利己。《中华人民共和国合同法》第七条规定："当事人订立、履行合同，应当遵守法律、行政法规，尊重社会公德，不得扰乱社会经济秩序，损害社会公共利益。"

除此之外，保险人应特别提示投保人：诚信是保险合同基本原则，根据《中华人民共和国刑法》和《中华人民共和国保险法》等有关规定，涉嫌保险诈骗将依法承担以下责任。

1.刑事责任。进行保险诈骗犯罪活动的，可能会受到拘役、判处有期徒刑，并处罚金或者没收财产的刑事处罚；保险事故的鉴定人、证明人、财产评估人故意提供虚假的证明文件，为他人诈骗提供条件的，以保险诈骗的共犯论处。

2.行政责任。进行保险诈骗活动，尚不构成犯罪的，可能会受到15日以下拘留、5000元以下罚款的行政处罚。

3.民事责任。进行保险诈骗活动以及故意或因重大过失未履行如实告知义务的，保险公司可能不承担赔偿或给付保险金的责任。

### 二、投保条件

所有在中华人民共和国境内合法登记注册、从事内河航行的船舶均可以投保。军事船舶、公务船舶用于商业运输不在所指"船舶"内，但是可以通过特别约定承保条件的方式投保。

投保人应提供由船舶检验部门签发的船舶检验证书（含临时检验证书）、港航管理部门签发的船舶登记证书、职务船员证书复印件，作为投保单附件，具体材料有船舶所有权登记证书、船舶防污证书、船舶入级证书、船舶最低配员证书、船舶检验证书簿、船舶吨位证书、船舶载重线证书、乘客定额证书等。

从事客、货运输的船舶，须提供有效的营业执照或者水路运输许可证。如船舶航行港澳航线，还应提供交通运输部"关于同意××船舶从事港澳航线货物运输的批复"。保险公司核保人员须对上述证书、证件逐一进行详细核验，所有证件必须完整、真实、有效。

### 三、确定投保人资格

保险人在接受投保之前，先要核定投保人的身份。如能够确定属于下列情况之一的，可以向保险人投保：船舶所有人；船舶经营人；船舶光船承租人；船舶管理人或抵押银行等相关机构，经船舶所有人授权后也可以作为合格的投保人。

船舶所有人，即船舶所有权证书登记的自然人、法人或其他组织。

船舶光船承租人，即与船舶所有人签订光船租赁合同，且在船舶登记机关登记备案的自然人、法人或其他组织。

　　船舶经营人、管理人，即与船舶所有人签署委托协议，在协议约定范围内从事船舶的经营、管理事宜的自然人、法人或其他组织。船舶经营人、管理人投保的，需要提供与船舶所有人签订的包含授权安排保险事宜内容的船舶经营、管理协议。

　　抵押银行等机构，即经营以船舶相关权益为抵押的长期贷款的银行以及类似的金融机构。抵押银行等金融机构作为船舶险投保人的，需要提供与船舶所有人签订的包括授权安排保险事宜内容的抵押协议。

　　基于充分考虑再保险安排的有效性，被保险人须符合当年再保险合约对于中国利益的要求，即如无中国利益的船舶，无法进行再保险操作。符合中国利益的前提须满足以下条件之一：

　　一是中国船旗、船东、管理人，或非中国船旗，但是中国船东或中方管理的外籍船。

　　二是非中国船旗或中方管理，但属于中外合作管理，或中国远洋运输集团、中国海运集团的期租船，或完全由中国远洋运输集团、中国海运集团公司船员负责运营管理的船舶。

　　三是船舶建造险、修船人责任险仅限于在中国大陆船厂建造或修理的本国或外籍船舶。

　　投保人通过保险经纪人安排船舶保险业务的，应由经纪人出具由投标人签章并包括授权人全称、被授权人全称、被授权保险标的名称、授权书有效期限、授权范围等内容的授权委托书。授权委托书须由授权人签章。保险人一般可以接受传真件、扫描件、复印件的授权委托书。除经纪人外的其他渠道提供的异地业务的，还要提供符合资格投保人签署的投保意向书。

### 四、填写投保单

　　投保单（表5-1）是投保人的书面要约，通常情况下由保险人提供。投保单经投保人据实填写并交付给保险人后，就成为投保人表示意愿与保险人订立保险合同的书面要约，也是保险人签发保险单、计算收取保险费和处理赔偿案件的重要依据。

## 表5-1 内河船舶保险投保单（样式）

投保单号：

投保人： 通讯地址： 邮编：

投保人组织机构代码/身份证号： 电话： 传真：

被保险人： 通讯地址： 邮编：

被保险人组织机构代码/身份证号： 电话： 传真：

| 船舶名称 | | | | 曾用名称 | | |
|---|---|---|---|---|---|---|
| 制造年份 | | 船级 | | 制造厂家 | | |
| 船舶种类 | | 船舶用途 | | 船质结构 | | |
| 船舶尺寸 | 总长 | 型宽 | 型深 | 船籍港 | | |
| 总吨位/功率/客位 | | | | 载重吨 | | |
| 投保险别 | | | | 航行区域 | | |
| 保险价值 | （大写） | | | （小写） | | |
| 投保金额 | （大写） | | | （小写） | | |

| 新船购船合同价格 | （大写） | | | （小写） | |
|---|---|---|---|---|---|
| 被保险人与船舶关系 | A.船舶所有人 B. 船舶光租人 C.船舶经营人 D.其他＿＿＿＿ | | | | |
| 船舶经营人 | | | | | |
| 保险期间 | 个月，自 年 月 日0:00起至 年 月 日24:00 止 | | | | |

| 基础保费 | | 费率（%） | | 保险费小计 | | 免赔额（率） | |
|---|---|---|---|---|---|---|---|

| | 险别 | 保险金额（责任限额） | 费率 | 保险费 | 免赔额（率） |
|---|---|---|---|---|---|
| **附加险** | 拖轮拖带责任险 | | | | |
| | 船主对旅客责任险 | ＿＿人×＿＿元/人=＿＿元 | | | |
| | 船东对船员责任险 | ＿＿人×＿＿元/人=＿＿元 | | | |
| | 四分之一附加险 | | | | |
| | 螺旋桨等单独损失险 | | | | |
| | 四分之三附加险 | | | | |
| | 油污责任附加险 | | | | |
| | 货物承运人责任险 | | | | |
| | | | | | |

| 保险费合计 | （大写） | | ￥： 元 |
|---|---|---|---|
| 争议处理方式选择 | 1.诉讼□ 2.仲裁□ 提交＿＿＿＿＿＿＿仲裁 | | |
| **特别约定** | | | |

　　**投保人声明**：保险人已向本人提供并详细介绍了《××公司内河船舶保险条款》，并对其中免除保险人责任的条款（包括但不限于责任免除、投保人被保险人义务、赔偿处理、其他事项等），以及本保险合同中付费约定和特别约定的内容向本人做了明确说明，本人已充分理解并接受上述内容，同意以此作为订立保险合同的依据，自愿投保本保险。

投保人（签章）：<br>年 月 日

投保人投保时，保险人须对投保船舶的有关重要情况认真进行询问，投保人须如实告知，既要行使法律赋予的知情权，也要告诫投保人履行其正确披露义务。投保人应认真填写内河船舶保险投保单一式三份，同时提供船舶检验证书复印件。保险人应指导投保人对投保单各项内容逐项认真填写，但是不得代替投保人填写。如有涂改，涂改处须加盖投保人印章证明。投保人在填写投保单时应注意以下事项。

1. 投保人。填写船舶所有人、船舶经营人、船舶管理人或对船舶具有可保利益的其他人的名称。如投保人为企事业单位，单位名称应与单位公章一致；投保人为船舶的代管人、承租人（光租、期租），要将船舶所有人与投保人签订的协议复印件作为投保单附件或由投保人在投保单上写明详细情况；投保人为个体户，应填写真实姓名；挂靠的船舶投保时，应填写被挂靠单位或船舶所有人名称。

2. 船舶名称。应填写现有的船名、船号。如有曾用名的船舶，应将原有的船名、船号填写在"曾用名"栏内。

3. 制造年份。依照船舶登记证书记载的建造年份填写。经过改建的船舶，必须注明改建年份。必要时保险人应核对船舶登记证书或船舶的原始档案。

4. 制造厂家。填写船舶登记证书上记载的船舶建造厂家名称。改建船舶应注明改建厂家名称。

5. 船舶种类。填写机动船或非机动（驳）船。

6. 船舶用途。分为载客、散货、杂货、客货两用，或滚装船、测量船、挖泥船、消防船、交通船、供应船、工程船、渡船、游览船；各种化学品船、液化气船、天然气船、油船、供油船、航速达到或超过 30 节（1 节 =1.852km）以上的高速船，应特别说明；拖轮、货兼拖、机驳船从事拖带或顶推作业的船舶，须注明。

7. 总吨位、功率、客位。总吨位、客位按船舶检验部门核定数额填写。总吨位是容积吨位。依照船舶丈量规范，每 2.83m$^2$（100 ft$^3$）为一个容积单位。未登记总吨位的小型船舶，则填写载重吨。拖轮填写主机功率（马力或 kW，1 马力等于 0.735kW）。

8. 载重吨。按照船舶检验部门丈量核实的载重吨填写。

9. 船舶尺寸。按照船舶检验部门丈量核定的船长、型深、型宽填写。

10. 船质结构。填写船壳建造的材料，如钢质船、铝合金船、玻璃钢船、水泥船、木质船或其他船（水泥船、玻璃钢船）等。

11. 船籍港。填写船舶登记注册的港口名称。

12. 保险价值。按船舶的新旧程度填写。船龄在 3 年以内（含 3 年）的新船，按重置价值确定；船龄在 3 年以上的旧船，按实际价值确定。

13. 保险金额。可按保险价值确定，也可由保险人与被保险人双方协商确定，保险金额不得超过保险价值。超过保险价值的，超过部分无效。对个体、挂靠、承保船舶的保险金额应加以严格控制，可按照实际价值一定比例的成数确定。

14. 航行区域。按船舶检验部门核准允许航行的区域或航段（航线）填写。内河船舶填 A、B、C 级航区，必要时还应注明 J 级航段。

15. 保险期限。一般为 12 个月，从起保日的 0∶00 起，至次年同月同日的前一日的 24∶00 止。投保人也可以按实际情况投保短期保险，但应征得保险人同意。短期保险的保险期限由双方协商确定起止时间。

16. 基本保费。仅对内河船舶适用。拖轮按功率，其他船舶按总吨位，查费率表确定基本保费的费率档次。无总吨位记载的船舶，一律按载重吨位计算。

17. 保险费率。按照投保船舶的船质结构、种类、用途、船龄、总吨位（功率）、航行区域等因素确定。

18. 免赔率（额）。按保险人所在的上级部门要求并结合内河船舶以往处理赔案的经验确定。例如，每次事故绝对免赔 ×× 元或损失金额的 ××%，两者以高者为准。

19. 总保险费。按费率规章的要求，准确计算后填写在该栏目项下。如投保附加险，应将其交付的附加险保险费与上述保费相加后填写。

20. 保险条件。填写投保险别、附加险名称、分期付款等特别约定和相关需要说明的内容。

21. 由投保人签章并注明地址、联系电话、联系人、开户银行以及银行账号、投保时间。

需要特别说明以下两点：一是投保单填写完毕，核对无误后，由投标人签字并加盖公章。投保单有附件时，需要加盖骑缝章。二是投保单中增加对于保险人免责条款的声明，要求投标人签字确认已经知悉相关的免责条款内容以符合法律规定。

## 五、风险评估

风险评估阶段是承保环节的重要组成部分。保险人接到投保人的投保单即投保要约后,应结合审核下级公司上报的内河船舶保险承保审批表(表5-2),对保险标的风险逐项进行评估,为最终达成保险协议提供决策依据。

表5-2　内河船舶保险承保审批表

| 所有人 | | |
|---|---|---|
| 投保人 | | |
| 被保险人 | | |
| 管理人 | | |
| 船名 | | |
| 原船名 | | |
| 原船东 | | |
| 原保险人 | | |
| 船舶种类 | 总吨: | 载重吨: |
| 船队规模 | 船级: | 原船级: |
| 建造地 | 建造日期: | 改造日期: |
| 船东注册地: | 船舶注册地: | 船队及本船以往损失记录: |
| 保险价值 | | 保险金额: |
| 航行范围 | | |
| 投保险别 | | |
| 承保公司意见: | | |
| 费率: | | 免赔额: |
| 其他说明 | | |
| 经办人: | | 签发人: |

签发日期:

### （一）船东资信与经营管理情况分析

全面了解船东在本区域内河航行界的信誉、还贷信誉、资金周转、是否有拖欠保费和其他应缴税费等不良记录；船东经营管理情况，是否建立完善的船舶管理规章制度，相关规章制度的执行落实情况；船东是否全面贯彻落实交通运输行业安全生产监督管理制度，港航管理部门对船东落实企业安全生产主体责任评价情况；船舶是否按期维护保养；近年来事故率及损失索赔记录；船员资质和素质情况；管理人员的事故处理能力和综合素质等。

### （二）船型风险影响分析

船型、吨位的不同，对航行过程中的抗风险能力不尽相同，装载不同种类的货物，船舶受损程度也会有差异。

### （三）船龄风险影响分析

船龄长短对船舶性能的影响是显而易见的。尽管经常对船舶进行必要的维修，但是机器老化等潜在损耗是无法消除的，由此会削弱船舶本来应有的抗风险能力。保险人通常的做法是，内河船舶船龄超过 20 年的，仅承保全损险；船龄超过 25 年的，则不予承保。对于 20 年以上船舶，应委托有专业资质的验船师登船对承保前船舶状况检验。检验后出具公证、客观的由执行检验的验船师签名的检验报告，以确定是否承保或以何种承保方案承保。

保险人也可以自行登船勘察船舶，但应注意以下几个环节：一是检查船舶上救生和救助设备是否有效使用，是否配备齐全；二是检查船长填写的航行日志是否规范、完整；三是船上人员的操作是否符合安全规范；四是特别注意观察船舶表面锈蚀是否明显，由此判断是否对船舶进行妥善维护保养；五是与船长、船员就船舶的技术状况进行询问，检查是否与投保人投保时披露及提供的船舶证书上的描述一致。

### （四）船舶保险金额

保险金额作为计收保费的依据，足额投保能够得到足额风险保障。船舶价值受船舶市场运力影响较大，运力短缺，船舶价格飙升；反之，运力过剩，船舶价格下降。一方面，投保人应如实告知其船舶实际市场价格；另一方面，保险人也应基本了解船舶价格市场行情，有利于承保时与投标人合理商定船舶的保险金额。

### （五）航区风险影响分析

依据内河水域的气象与水文条件划分的航行区域各有不同，A 级航区通航能力优于 B 级航区，更优于 C 级航区。对应航区的 J 航段，船舶通航受阻情况较为凸显，发生各种类型的事故概率也较大。

### （六）评估防灾防损工作的情况

一般情况下，防灾防损工作与事故发生的频率、损失的大小有着密切联系。因此，在风险评估环节，审视保险人能否提供切实高效的防灾防损互动情况，也能从侧面反映承保风险问题。

1. 保险人能否根据需要，主动向被保险人提供防灾防损服务。

2. 保险人能否根据自身掌握的灾害预警系统，及时通过电话、短信、传真、信函、网络等多种方式向被保险人提供保险服务提示，包括但不限于灾害天气和防灾防损信息提醒、理赔指导、索赔提醒、赔款告知、新产品信息等。

3. 保险人能否根据被保险人需求结合风险客观变化，经过被保险人同意后，为承保内河船舶提供风险管理服务，包括但不限于聘请行业内知名的国内外专家和验船师，在承保前和承保期限内进行现场查勘和风险管理服务，并出具相关工作的报告。

4. 保险人能否根据被保险人需求，积极为被保险人提供承保、理赔及风险管理方面的培训。为了帮助被保险人提高防灾防损水平，保险人应组织船东基层工作人员参加保险培训活动。培训按要求举办，具体时间由被保险人确定。同时，保险人还将在被保险人系统内召开不同层次的保险业务联席会，以期共同提高风险防范意识和能力。

## 六、厘定承保费率

厘定合理的承保费率是制定科学的承保方案的核心内容，也是保险人核心竞争力的综合体现。除须考虑国内内河船舶保险市场包括本区域各家保险机构市场竞争因素外，还应考虑以下因素。

### （一）依据风险评估的结论

依据保险人对投保人的调查问询，查阅投保人填写的投保单，对于综合分析出险概率高的，保险费必须要高；出险概率低的，保险费率应该低，充分体现保险人开出的费率是公平的。这是保险人认真贯彻《中华人民共和国保险法》第十一条规定"遵循公平原则"的具体体现。

### （二）考虑投保人拟投保的险别

这是保险人承担保险责任的基础。如内河船舶保险条款中的全损险，其责任范围比一切险要窄，承保风险相对较低。反之，如承保一切险，其责任范围较全损险明显要宽，风险水平相对较高，因而承保费率也就高些。

按照现行的做法，内河船舶保险条款分为主险条款和附加险条款，其中主险条款又分为全损险、一切险。如航行港澳航线时，可以选择《沿海内河船舶保险条款》或《沿海船舶保险条款（2009 版）》。

除此之外，为了满足内河船舶经营者的保险需求，保险人同时提供附加险条款（详见本书"第四章第二节　内河条款附加险"）。

### （三）考虑船舶航行区域风险因素

珠江水系西江流域上游的红水河流经广西的乐业县、天峨县、南丹县、东兰县、大化瑶族自治县、都安瑶族自治县、马山县、忻城县、来宾市兴宾区，至象州县石龙镇三江口止，全长 659km，因落差大、弯道多、河流湍急、河中暗礁密布，大多属于 C 级航区 J 级航段，航行于红水河的船舶潜在安全隐患较大。每年枯水期，西江流域流量不足、水位偏低，部分航段极易发生船舶搁浅事故，船舶航行的风险增大。

保险人应提醒被保险人（船东）高度关注当地港航管理部门发出的航道通告、天气（水位）预报，结合航次任务，拟定易搁浅航段的安全防范措施：（1）严格控制船舶吃水，严禁船舶超载，杜绝超吃水冒险驾驶船舶；（2）加强驾驶瞭望，留意周边船舶动态，与他船保持足够的安全距离，严格遵守船舶避让规则，尤其航经狭窄水道、弯曲水道、浅滩和险槽时，船舶不得追越，不得争先抢航，不得齐头并进；（3）船舶航经狭窄水道或桥梁区域时，驾驶人员应时刻留意流压、风压对船舶安全航行的影响，通过浅水区域前，应测深慢行，防止船舶发生搁浅事故；（4）枯水期，航道外水深难以满足船舶安全航行要求，各种碍航现象层出不穷，如浅滩、裸露的礁石和水底下的暗礁，驾驶人员应在航标标示的航道范围内行驶，必须保持足够的横距，防止发生搁浅、触碰事故；（5）驾驶船舶时，不得关闭驾驶室所有门窗，应关注外边水势、水花以及他船信号，提前做好避险准备；（6）随时收听天气预报，及时了解港航管理部门、海事局等安全预警信息，遇到大风、大雾等恶劣天气时，应确保在自身、他船及不妨碍主航道通航安全前提下，立即锚泊。

### （四）考虑船舶种类因素

如将船舶种类风险程度划为 A、B、C 三个等级，化学品船、液化气船、天然气船、油船和船速达到或超过 30 节以上的高速船风险水平最高，为 A 级；测量船、消防船、交通船、巡逻船、供应船和工程船风险水平最低，为 C 级；其他船舶风险水平居中，为 B 级。

### （五）考虑船舶吨位或功率因素

船舶吨位大小在某种程度上决定了船舶抗御自然灾害的能力。吨位或功率越高，风险水平相对越低。

### （六）考虑船龄因素

船龄越长，抗御风险能力会相对减弱，航行时发生事故的概率越大，风险水平越高。一般情况下，船龄 3 年内的新船，风险水平最低。

### （七）考虑船舶特征对承保风险影响

考虑船舶材质为钢质、木质还是其他材质，船舶动力为机动还是非机动等。钢质船舶、非机动船舶风险水平较低。

### （八）综合考虑船东的管船能力

船东管理船舶的水平高低，很大程度上决定风险发生概率的高低。船东是否建立完善的规章制度并得以有效执行，是否定期维护保养船舶，船东管理人员的素质、事故处理经验和事故处理能力，船员素质及任职资质等，均为判断风险水平的因素。

### （九）考虑港口情况、管理水平差异因素

一般从船舶停靠港口的设施、管理规范、管理水平等方面分析。内河船舶停靠港口设施较完备的、管理水平较高的、管理规范的港口，船舶进入港口补给、装卸货物时，所遭遇的事故风险水平相对较低。

### （十）考虑气候影响航行风险差异因素

珠江水系西江流域大多处于亚热带地区，每年春夏雨季期间，尤其 3 月下旬河流进入汛期后，流域内洪水泛滥，临江地区山体滑坡现象时有发生，台风接二连三光顾，气候恶劣，自然灾害事故频发。通常情况下，汛期河水水位上涨，沿江两岸自然参照物有的会被淹没，驾驶人员一时难以适应；航道下的助航标志可能出现移位或灭失；桥梁周边流态有所改变，河水上涨造

成船舶通航净高变小（桥梁净空高度缩小）；流量增加，流速增大，航道上碍航的浮木、杂草等漂流物增多，浮木极易打坏车叶或造成船舶机器损坏，杂草堵塞船底阀门，导致船舶失去控制，甚至触礁沉没。因此，承保前务必考虑船舶航行期间的气候因素，如季风、寒流、雨季、台风等对内河船舶航行安全的影响。在汛期不利于船舶航行期间，船舶出险概率相对较高。

### （十一）考虑船公司以往损失事故因素

根据内河船舶的历史损失经验，判断其风险水平。一般情况下，历史赔付率高的，其承保风险水平相对较高；反之，历史赔付率低的，其承保风险水平相对较低。

保险人按照自身经营经验，普遍已建立内河船舶的黑、灰名单制度。简单来说，从 3 年或 5 年船务公司全部船舶保险索赔记录和某一艘船舶的保险索赔记录两个维度，对船务公司或某一艘保险的船舶按黑、灰名单进行风险等级划分，实施分类管理。针对船务公司，凡赔付率大于 100%、小于 150% 的船务公司被列为灰名单客户，所有船舶险业务将被要求加强风险防范工作，在提高承保条件后保险人再予以承保；赔付率大于 150% 的船务公司被列为黑名单客户，保险人将终止承保该公司的内河船舶保险业务。针对某一艘船舶，凡保险期限内连续出险索赔 3 次及 3 次以上且赔付率高达 100% 以上的，被列为黑名单客户，保险人终止承保该船舶保险业务；索赔 1 次及 1 次以上且赔付率高达 80% 以上的，被列为灰名单客户，须提示船务公司加强对该船舶的风险管理，在提高承保条件后保险人再考虑承保。不过，各保险人应根据自身承保、理赔经验，确定黑、灰名单客户的具体指标。

### （十二）考虑续保业务优惠因素

新承保的船舶险业务一般情况下需要支出较高比例的展业成本，保险人经营成本相对较高，通常没有费率优惠。续保业务时，在展业、核保等环节费用较低，因此可以给予一定的费率优惠。

### （十三）考虑业务来源的渠道因素

直保业务无须支付中介费用，保险人经营成本相对较低，通常可以给予一定的费率优惠。而通过经纪人、代理人渠道获取的业务，保险人则需要支付一定比例的中介费用，因此费率应高于直保业务。

### （十四）考虑附加条款种类因素

附加条款包括扩展类、限制类、规范类三种。通常情况下，根据附加条款的种类和风险高低程度对费率水平进行相应调整。如扩展类附加条款使风险水平提高，限制类附加条款使风险水平降低，规范类附加条款对风险水平没有影响，由此调高或调低承保费率水平。

### （十五）考虑承保期间长短因素

通常情况下，保险费率按保险期间为 1 年厘定。但是，船东因自身原因选择保险期间不足 1 年时，则按表 5-3 的标准收费。

表 5-3　保险期间不足 1 年的收费标准

| 保险期间（个月） | 1 | 2 | 3 | 4 | 5 | 6 | 7 | 8 | 9 | 10～12 |
|---|---|---|---|---|---|---|---|---|---|---|
| 年费率（%） | 30 | 40 | 50 | 60 | 70 | 80 | 85 | 90 | 95 | 100 |

### （十六）考虑保险免赔条件高低因素

绝对免赔额高，保险费率相对低；反之，绝对免赔额低，保险费率相对高。保险免赔额制度是保险行业传统做法，分为绝对免赔和相对免赔两种。我国保险行业仅采用绝对免赔额制度。

### （十七）保险人向投保人报价一律采用书面形式

应将业务对应的条款送交投保人，并指出免除保险人责任条款的内容，要求投保人认真阅读。报价函中须明确报价有效期限，一般最长时间为 30 天。

## 七、核保

保险人内部通常设有核保人制度，由具有核保资格的人员担任，这是贯彻专家治司、专业制胜，不断提高承保质量的关键举措。核保师对每一项业务都要认真审核，通常情况下核保师应关注以下问题：

一是对于新保险业务，应特别关注船东的公司背景，该船务公司的内部治理制度问题以及在航运界的信誉问题。

二是对于续保业务，应重点关注上年度乃至 5 年以来该船务公司的出险索赔记录，该船务公司的现金流问题，是否故意拖欠保险费。

三是关注船务公司对所属船舶维修保养制度落实情况，以及港航管理机构对该船务公司的考核评价。

四是审核保险方案中的保险条款适用性问题。一般情况下，内河船舶适用内河船舶保险条款及相关附加险条款。如航行港澳航线，须同时提供交通运输部批复文件，此时可以适用沿海内河船舶保险条款及相关附加险条款。

五是合法性问题。内河船舶保险的主险条款以及与之相配套的附加险条款，须向银保监会报备，包括费率和费率区间。具体执行时不得采用"报行不一"的违规操作行为。

六是应审核投保单的填写情况以及相关材料收集情况的真实性、准确性和完整性，判断待核保业务是否属于异地业务，录入业务系统的所有信息是否完整、准确。

七是特别关注保险标的（船舶）是否按期进行各种法定检验，检验中的遗留项目是否按期予以消除。

## 八、保单签发

内河船舶保险单是一份具有法律约束的正式文件。《中华人民共和国保险法》第二条规定："本法所称保险，是指投保人根据合同约定，向保险人支付保险费，保险人对于合同约定的可能发生的事故因其发生所造成的财产损失承担赔偿保险金责任，或者当被保险人死亡、伤残、疾病或者达到合同约定的年龄、期限等条件时承担给付保险金责任的商业保险行为。"第十条规定："保险合同是投保人与保险人约定保险权利义务关系的协议。投保人是指与保险人订立保险合同，并按照合同约定负有支付保险费义务的人。保险人是指与投保人订立保险合同，并按照合同约定承担赔偿或者给付保险金责任的保险公司。"由此可知，保险单是保险合同的表现形式，签发保险单时保险人应做到保险单的各项内容的文字填写务必清晰；填写的承保条件包含承保费率、免赔条件等要与商谈约定的条件保持一致，同时符合保险人承保规范要求；保险单的内容要取得被保险人认可。

经过上述工作，投保人与保险人已基本达成一致，由保险人向投保人签发内河船舶保险单。通常情况下，保险单一式三份，一正两副，正本交被保险人，一份副本留存业务档案，一份副本交保险人财务部门用于收取保险费。

## 九、保单批改

《中华人民共和国合同法》第七十七条规定"当事人协商一致，可以变更合同"，这里的"变更合同"是指合同内容的变更。保险单经签发后，如发生以下情况，应投保人要求并填写保险事项变更申请书，要取得保险人同意（因保险人自身原因造成保险单出现错误，须通过批改更正的情况除外），保险人可在公司业务系统内操作，出具批单对保险单进行批改：一是航次险保险单变更原定航程；二是定期险保险单变更航行范围；三是变更保险期限；四是变更保险条件；五是改变船舶名称；六是改变保险金额；七是船舶过户、光租，变更船旗、船级等（事先征得保险人许可，否则保险单效力中止）；八是改变保险费支付方式；九是因被保险人自身原因中途退保；十是停航、停泊退费。

# 第六章  内河船舶货运相关问题

目前，水路运输是各种运输方式中兴起最早、历史最长的运输方式，其特征是载重量大、成本低廉，但灵活性偏弱、连续性差，对于交付期没有特别要求的货物一般都可以选择水路运输。

按照交通运输部颁布的《国内水路运输管理规定》第三条规定："水路运输按照经营区域分为沿海运输和内河运输，按照业务种类分为货物运输和旅客运输。货物运输分为危险货物运输和普通货物运输。危险货物运输分为包装、散装固体和散装液体危险货物运输。散装液体危险货物运输包括液化气体船运输、化学品船运输、成品油船运输和原油船运输。普通货物运输包含拖航。"为了更好地促进内河船舶货物运输事业发展，现对与内河船舶相关问题进行深入探究。

应熟悉接收货物与装载货物的流程，合理编制积载计划。了解货物计量方法、货物亏舱、积载因素、自然损耗等概念；掌握杂货船积载时，将积载因数小且耐压的重货堆码于货舱下层，积载因素大且较轻的货物堆码于上层；掌握港口装卸工人的规范作业，减少货舱出现不必要亏舱现象，对确保杂货内河运输安全至关重要。通过钢材、煤炭、集装箱、货物包装等内河运输案例，将知识具体化，便于读者理解与掌握。熟悉包装要求和货物标志内容，对保护运输、装卸、仓储的货物安全十分有利。通过加强防灾防损，促进航运和谐健康发展。

## 第一节　内河运输重要指标

### 一、船舶运输程序

与保险业务有关的船舶分为货船、客船，而货船的运输对象是货物。货船运输的目的是保质保量、及时将载运货物安全送达，具体操作环节如下。

#### （一）配载环节

内河船舶经营人或租船人按货物托运计划，以装货清单方式，为船舶分配航次货载，即由哪一艘船舶装运、装运什么货物、中途港停靠顺序。

#### （二）积载环节

由大副按装货清单，编制积载计划，确定装载舱室、舱内堆装位置、堆码、衬垫、系固和隔票。

在积载环节中，船长主要考虑以下问题：一是充分利用船舶的载货能力（多装货，多赚运费）；二是保证船舶具有适度的稳性（别赚不到运费反而弄沉船）；三是保证船舶具有适当的吃水差（避免引发触底）；四是保证货物的运输质量（避免货损货差）；五是保证满足船舶的强度条件；六是满足货物的装卸顺序要求；七是便于装卸，缩短船舶在港停泊时间。

### 二、船舶运输的几个重要指标

#### （一）船舶装载货物出现的亏舱

对内河船舶经营人而言，不合理亏舱是对船舶载货能力的一种浪费。对保险人而言，不合理的亏舱会造成舱内货物因位移产生货损货差。某些货物因亏舱率过小会造成舱内通风不良，而部分需要通风的商品如鱼粉，如保管不善会导致受损。

亏舱（率）指船舶货舱的有效容积未被所装货物充分利用的那部分容积。亏舱大小以亏舱率表示。通常情况下，亏舱大小受货物种类、包装形式、包装尺寸、堆码质量、堆码位置、货舱的结构现状、装载要求等影响，具体原因如下。

1. 货物的包装形式与货舱的形状不适应。

2. 货舱在某一方向上的尺度不等于货件在相应堆码方向上尺度的整数倍。

3. 某些货物装于舱内须系固和衬垫，系固设备和衬垫材料所占舱容。

4. 有些装于舱内的货物需留出通风道，通风道所占舱容。

5. 舱内货物堆码不紧密，余留不正常的空隙。

### （二）货物的积载因素

根据《内河船舶保险条款（2009 版）》"除外责任"第六条："在保险期间内存在下述情况，自下述情况发生之日起保险人对任何原因产生的责任、损失和费用不负责赔偿：（一）船舶不适航（不适拖），包括保险船舶的人员配备不当、技术状态、航行区域、用途不符合航行（拖航）规定或货物装载不妥。"

货物积载因素是指每吨货物所占货舱容积或所具有的量尺体积。

国际标准：重货积载因素为小于 $1.1328m^3/t$；轻货积载因素为大于 $1.1328m^3/t$。

中国标准：重货积载因素为大于 $1t/m^3$；轻货积载因素为小于 $1t/m^3$。

正确的积载方法是积载因素大的轻货装于积载因素小的重货之上，避免因踏踩造成货物损失。

## 三、船上货物的计量

按航运业惯例，普通货物（除贵重或高价值以外的非集装箱装载的）均按重量或体积计算运费。

内河船舶承运人的义务是保质保量、按时完成运输任务，否则应按运输合同约定承担相应的赔偿责任。但是以下情况除外：货物的非事故性的自然减量若在规定的损耗限度内或公认的自然损耗率范围内，承运人不负赔偿责任。

按重量交接的货物，因受货物本身的性质、自然条件、运输条件影响，不可避免出现减量（自然损耗），原因如下：一是干耗和挥发，二是渗漏和沾染，三是飞扬和撒失。

对不同的货物采用不同的计量方法，以散装液体货物计量方式为例，目前常用船舱计重、岸罐计重和衡器计重三种计量方式。对大宗散装固体货物，除采用衡器计重、流量计重外，还可以采用水尺计重方式。其中，衡器计重又分为非自动衡器计重和自动衡器计重。非自动衡器包括地秤、台秤、吊秤等，自动衡器包括皮带秤、自动料斗秤、自动轨道衡等。衡器计重主要用于粮食、化肥、矿产品等大宗散货或有包装的各类商品。水尺计重一般适用于价值较低、衡器计重困难、大宗的散装固体货物，广泛用于煤炭、硫黄、矿砂等。容器包括油管、油驳、罐车、槽车或船舱等。容器计重主要用于石油化工产品、液化天然气、植物油等。流量计重主要用于管道原油、管道液化天然气。

### 四、船舶运输的允差／允耗

货物自然减少占该货物装载前重量的百分比称为货物的自然损耗率。影响自然损耗率大小的因素，一般包括货物性质、装卸方式、装卸次数、气候条件、运输时间长短等。通常情况下，运输合同、贸易合同对自然损耗率是有约定的。自然损耗也叫允差与允耗，是指船舶装载货物时，允许货物数量存在一定差异，允许出现一定比例的耗损，这是航运惯例且有法可依（表6-1）。

表6-1　常见货物自然损耗率

| 货物名称 | 包装形式 | 运程（n mile） | 自然损耗率（%） |
|---|---|---|---|
| 谷物 | 散装或包装 | ＜540 | 0.10 |
| | | 540～1080 | 0.15 |
| | | ＞1080 | 0.20 |
| 煤炭 | 散装 | | 0.11～0.15 |
| 水泥 | 袋装 | | 0.70 |
| 矿石 | 散装 | | 0.12～0.13 |
| 盐 | 散装 | | 0.85～3.00 |
| | 袋装 | | 0.30 |
| 蔬菜 | 包装 | | 0.34～3.40 |
| 水果类 | 包装 | | 0.21～2.55 |
| 肉类 | 包装 | | 0.34～2.55 |
| 鱼类 | 包装 | | 0.21～1.70 |

上海市高级人民法院《审理海事案件若干问题的讨论纪要（一）（试行）》（沪高法〔2001〕286号）第三点提及"关于大宗散货运输、装卸、计量的合理允耗、允差问题"。

**（一）运输、装卸合理允耗的确定**

当事人对运输、装卸合理允耗的标准有约定的从其约定，没有约定的，按以下原则认定：

1. 交通部等国家相关部门已确定合理允耗标准的大宗散货，如煤炭，应按该标准认定合理允耗。

2. 交通部等国家相关部门没有确定合理允耗标准的大宗散货，如铁矿，可参照我国参加的《国际铁路货物联运协定》规定的标准认定合理允耗。

3. 货物在运输过程中多次中转换装的，按中转换装的次数，增加相应合理允耗。

4. 运输、装卸大宗散货的合理允耗确定后，不再扣减货物在运输过程中因水分蒸发而产生的减量数额。

**（二）计量合理允差的确定**

1. 参照国际惯例，大宗散货在运输交接过程中的计量允差可确定为0.5%（汽油0.5%、柴油0.3%、袋装0.3%、水尺0.5%）。

2. 国内沿海运输亦可参照适用上述标准。

3. 大宗散货计量合理允差，应与运输、装卸的合理允耗分别计算。

4. 交通运输部规定，精矿粉含水量GML（可运输含水量）8%。

5. 散粮每经过一次装卸作业（过程）或转换运输工具（过程）都应计算一次损耗（表6-2）。

表6-2　水路散装粮食运输损耗规定

| 运输方式 | | 品名 | 0～800n mile | ＞800n mile |
|---|---|---|---|---|
| 水路航运（含水尺交接） | | 散粮 | 0.30% | 0.40% |
| 港口作业方式 | | 散粮 | 作业过程 | 作业过程 |
| 装货工艺 | 袋粮割包 | 散粮 | 开车—船边—装船，0.85% | 外挡—装船，0.20% |
| | | | 外挡—装船，0.20% | 里挡—装船，0.85% |
| | 集装箱装船 | 散粮 | 集卡—船边—装船，0.15% | 集卡—船边—装船，0.15% |

**续表**

| 运输方式 | | 品名 | 0 ～ 800n mile | > 800n mile |
|---|---|---|---|---|
| 卸货工艺 | 抓斗－皮带机（车） | 散粮 | 里挡过驳，0.95% | 车进库，0.45% |
| | | | 车进库，0.45% | 里挡过驳，0.95% |
| | 吸管进筒仓 | 散粮 | 0.15% | 0.15% |
| | 筒仓－灌包 | 散粮 | 0.40% | 0.40% |
| | 抓斗外挡过驳 | 散粮 | 0.40% | 0.40% |
| | 港内道路 | 袋粮 | 0 ～ 5km，0.02% | 5km 以上，0.025% |
| | 港内储存（集并或出货） | 散粮 / 袋粮 | 1 ～ 15 天，0.18% | 16 天以上，0.36% |

## 第二节　杂货船运输注意事项

杂货，顾名思义就是杂七杂八的货物，按装运要求和货物性质，杂货可分为普通杂货和特殊杂货两类。五金类商品、建筑用砖等储运过程中无须特殊处理的货物属于普通杂货；而需要特殊保管的货物，诸如贵重货物、精密仪器、玻璃制品、冷藏货物、危险品等，统称为特殊杂货。

按货船分类，杂货船属于干货船的一种，又称多用途船。西江流域运营内河船舶中，杂货船占比最大。该类型船舶的特点是以装运成包、成捆、成桶杂货为主，也可装运某些散货。杂货船的货舱通常分为上下两层或多层，以预防底部货物被挤压，每一个舱口均设有起重设备。杂货船的优点是对装运货物的种类、码头条件等适应性强，同一航次可停靠多个港口装卸货物，但是装卸货物的效率低且吨位较小，船舶积载计划编制的难度较大。

### 一、货损货差主要情形

内河杂货船运输中导致的货物包装损坏、货物遇水霉烂变质、货物短少等货损货差现象，主要分为四种情形：一是杂货原损，即杂货交付承运人承运前已存在的损失，包括生产、制造、装配和包装过程中造成的损失；二是运输过程致损，即杂货交付承运人后，到达目的港前的运输过程中发生的损失；三是工损，即杂货在装卸过程中由装卸机械或装卸工人粗暴搬运造成的损失；四是储存不当致损，即杂货在卸货码头、仓库、场地，由于堆放或保管不当造成的损失。

### 二、杂货运输主要致损原因

杂货运输致损原因主要分为水油渍损、残破变形、发霉变质、锈蚀损坏、气味感染、货物短损、火焚损毁等。

### 三、装运杂货注意事项

不论是内河杂货船，还是沿海杂货船，按照规定，承运人应当使船舶处于适航状态，妥善配备船员、装备船舶和配备供应品，并使干货舱、冷藏舱、冷气舱和其他载货处所适于并能安全收受、载运和保管货物；同时，应当按照运输合同的约定接收货物，妥善地装载、搬移、积载、运输、保管、照料和卸载所运货物。要确保杂货运输质量和船舶运输效率，务必熟知杂货选配货位原则，以及精准掌握杂货的堆码、衬垫、系固方法等。危险杂货应在离机舱、驾驶台、船员住处较远的货舱堆放；冷藏货物应置于冷藏舱内；怕热杂货不宜堆放于热源或高温的舱室；性质互抵的忌装货要隔离堆放；重量较重、扬尘杂货、耐压杂货应放置于舱室下层，按包装的不同，由下至上堆放：大桶杂货（或耐压的裸装杂货）、捆装杂货、袋装杂货、木箱杂货、纸箱杂货、易碎杂货；舱底大件杂货须铺平；堆垛必须牢固、利于通风、减少亏舱并利于装卸；船舶的船体与杂货之间、杂货与杂货之间须合理衬垫等。以玻璃制品这类易碎杂货为例，在储运期间不能挤压，装载时应配置在货舱上层或舱口位置，后装先卸，堆码层数不能超过限高，上边不能再堆装其他货物。

### 四、保持船舶适货

对不同包装的杂货采取正确的装运方式，对于保证运输货物的质量并避免不合理的亏舱来说十分重要。如金属类捆扎杂货因其耐压，可以堆放在舱底作为打底货。此外，承运人在运输全过程均负有不可免除责任，因此必须做好以下工作。

　　货舱适货是承运人管理船舶不可或缺的义务之一。所谓货舱适货，指货舱除必须保持所载货的船舶适航外，杂货船舶的货舱必须适合所承运货物的收受、装载、保管、运输，舱内必须清洁，没有积水现象，不存在舱汗现象并应一直保持干燥状况；舱室内不可有异味，也不得存在虫害乃至鼠害现象；装卸货时，承运人对装卸货物工作监管是否规范到位，包括杂货在舱内的堆码是否符合规范、系固是否稳固、衬垫隔离是否合理，这些细节对运输质量影响重大；无渗漏及舱内设备完好，货舱必须水密性良好，舱内人孔盖、污水井盖、通风设备等必须完好。因此，码头工人们装卸货物全过程承运人须安排船员看舱，不得应付敷衍。如在卸货时，负责看舱的船员一旦发现货物有残损现象，应立即分清是原残还是工残。因为这种情况下，"原残"属于承运人管货责任，而"工残"则属于装卸工人装卸不当所造成的。船舶航行途中，承运人更加应该恪尽职守，定期（经常）检查货物在舱内的状况，测量舱内温度和湿度，做好特殊杂货的管理工作，时刻关注航行期间天气变化情况等。

## 第三节　内河运输常见的钢材

　　近年来，通过内河水路运输的钢材数量越来越多，现就钢材运输情况做简要介绍。

### 一、钢材货物分类（按形状分类）

板材类：厚度不一，常采用捆扎或成卷的方式交付运输，如钢板、镀锌钢皮（白铁皮）、镀锌钢皮（马口铁）等。

型钢类：按其截面和外形不同，分为圆钢、方钢、角钢、扁钢、槽钢等。

管材类：口径不一，有些具有较粗的管头，分为无缝钢管和有缝钢管。

丝卷类：粗细不一的各种金属丝线，如铁丝、盘圆（钢筋）、电线、电缆等。

铸锭类：由各种块状金属铸锭组成，如钢锭、钢坯、生铁块等。

其他钢材类：上述未包括在内的钢材货物，如钢材构件、散装金属废料等。

## 二、钢材货物的水上运输特性

### （一）货物重且积载因素小

钢材属于重质货，积载因素较小。积载因素指每吨货物所占货舱容积或所具有的量尺体积。

国际重货标准：积载因素 $< 1.1328 m^3/t$ 或者 $< 40 ft^3/t$；

国际轻货标准：积载因素 $> 1.1328 m^3/t$ 或者 $> 40 ft^3/t$。

中国重货标准：积载因素 $> 1t/m^3$；

中国轻货标准：积载因素 $< 1t/m^3$。

钢材属于重质货，积载因素较小，通常在 $0.30 \sim 0.58 t/m^3$ 之间。装载部位须校核船体局部的强度，如强度不够，极易造成船体变形。若单层甲板船全部用于运载钢材，船舶重心低而初稳性高度很大，会引发船舶在湍急河流航行时发生激烈横摇，稍有不慎，船舶会发生横向倾覆事故。

### （二）钢材怕潮湿，怕重压变形

钢材货物通常采用裸装方式，除不锈钢、建材用钢（如钢梁、钢桩、盘圆等）外的其他钢材货物，受潮湿容易锈蚀而影响其商业价值。一些钢板因衬垫设置不当，会造成下层钢板在重压下呈波浪样变形。一些卷钢因装卸或堆装不当会引起卷边、开卷等。

### （三）钢材摩擦系数小，易于移位

钢管、卷钢、盘圆等钢材货物，因与装载处所接触面小，摩擦系数小。这类货物若装载部位存在油渍或系固不当，堆装不紧密，在船舶遇风浪时极易发生移位，甚至个别钢材重件移动，会击穿水线以下船侧外板而造成严重船舱进水。

## 三、钢材类货物水路安全装运要求（非集装箱方式）

一是钢材货物不得与酸类、碱类、盐类以及化肥等对钢材有腐蚀性的货物同舱装运。

二是对多数怕水湿的钢材货物，选配舱室应保证舱盖水密（必要时应在装货后在舱盖水密连接部位临时粘贴封舱胶布）。

三是装货前，清洗货舱后，舱壁等部位不得留有海水的盐分或上一航次残留的有腐蚀性货物。

四是鲜湿货物不得与钢材货物同舱装运。

五是重视船舶重心高度的控制，防止出现重心过低现象。

六是校核拟装部位的船舶局部强度，防止发生装载部位超负荷引起船舱局部结构受损。

七是严格按照船上《货物系固手册》要求进行堆装和系固，防止发生货物位移、货堆倒塌等。

### 四、水路运输钢材常见风险及承保注意事项

钢材类（钢管、钢板、钢块、镀锌板、不锈钢板等）货物在运输过程中，通常易出现锈损、物理性损坏、短量、装卸过程中造成的残损、断裂等风险。因为对于粗大且裸装的钢材，装卸及码放是制约风险的关键。对于金属条、板、块，简易装卸容易产生短卸和锈损，甚至导致船舶沉没。铸铁制品在装卸和运输途中容易产生破碎。因此，应注意船舶与有关码头衔接紧密；对船舶的船期、航运路线要明确，中途是否需转船；及时掌握船舶停靠码头及周边动态；全程必须高度关注天气变化情况，如在台风或暴雨等恶劣天气下，船舶应及时锚泊回避。

发货人在装运前，应针对不同类型的钢材，考虑投保货物运输保险。如冷、热轧卷板，主要损失形式为锈损、工残和船残造成的散卷、卷板整体变形、卷板边锯齿或波浪形受损等。如有防潮、防锈措施，才可以承保水路货物运输综合险（一切险），否则仅可以承保全损险（平安险或水渍险）。

## 第四节　内河运输常见的煤炭

煤炭是地球上蕴藏量最大、分布地域最广的化石燃料，主要由碳、氢、氧、氮、硫等构成。

### 一、煤炭的特性

煤炭在储存、装卸、运输过程中，主要呈现以下特点：

一是煤炭可以释放甲烷。甲烷在自然界的分布很广，是最简单的有机物，也是天然气、沼气、坑气等的主要成分。甲烷可用来作为燃料及制造氢气、炭黑、一氧化碳、乙炔、氢氰酸及甲醛等物质的原料。甲烷比空气轻，因此会积存在货物处所或封闭处所的上方，5% ～ 16% 的甲烷与空气混合后即可成为可爆气体，能被火花或明火点燃。

二是煤炭可导致货物处所内二氧化碳或一氧化碳的浓度增加。其中一氧化碳是一种比空气轻且无色的气体，在空气中的燃烧极限体积比为 12% ～ 75%。

三是煤炭能够自热并在密闭空间内自燃，产生有害气体。

四是煤炭与水发生反应，能够产生腐蚀性酸性液体和氢气等易燃气体。

五是煤炭粉尘在空气中含量为 10 ～ 30g/m³ 时，遇到明火会发生爆炸。

六是如含水量过高时，煤炭还具有易流态化特性。按照国际海事组织《国际海运固体散装货物规则》IMO Resolution MSC.426（98）的要求，从 2019 年 1 月 1 日开始，有的煤炭被重新定义为既是 B 组的具有化学危险特性的货物，也是 A 组的易流态化货物。海运这类货物时，应严格按照《国际海运固体散装货物规则》处置，但内河运输时则不受此规则限制。

### 二、内河船舶运输煤炭时的注意事项

根据燃料管理的要求，每中转一次碳量损耗应控制在 0.5% 以内，热值损耗应控制在 83.8kJ/kg 以内，因此在内河船舶运输过程中，煤炭存在数量、质量损耗超标损失风险的问题。此外，西江流域内河航道沿岸杂货码头装卸设备落后且环境复杂，煤炭存在被偷窃的风险。流域内，受台风、暴雨、浓雾等恶劣天气影响，煤炭内河运输在装卸、运输途中、中转等环节，也会存在一定安全威胁。因此，内河运输煤炭时，船方应时刻配备能够检测甲烷、氧气、一氧化碳含量的检测仪器，以便随时监测煤炭存放处所中的空气及舱底污水样品的 pH 值。船方还应配备量程为 0 ～ 100℃ 的温度测量仪，确保在装载和航行途中，船上人员不需进入船舱便可测到舱内煤炭的温度。

装运前，托运人应向承运人提供煤炭特性的书面资料、装载与运输推荐

的安全程序；双方签订的运输合同中，至少包括煤炭的含水量、含硫量及尺寸，特别需要说明煤炭是否会释放甲烷或自燃。船方必须保证不得将煤炭积载于舱内热区域附近，舱内及周边全部电缆、电器均不得有缺陷且具有抗爆性能。

装载煤炭的船舱及附近区域，不得从事燃烧、切割、铲凿、焊接或明火作业。装载完毕，须对煤炭表面平舱，密封进入货舱的通道。装载期间，船方应定期检测货舱底部的污水。

运输途中，须对每一个船舱左右各一个测量点中任一个点进行测量；须经常泵排舱底污水，防止舱底和污水系统存积过多酸性物质。如果发现煤炭特性与托运人申报值有明显差异，须将差异及时通报给托运人。

装载煤炭的船舶离港后 24 小时内，须进行表面通风处理，并测试甲烷含量，关注甲烷含量的变动趋势。同时，船方须定时检测物料间、木工间、通道等围闭区域的甲烷、氧气、一氧化碳的含量，并保持通风。对于特殊情形的处置办法如下。

### （一）对释放甲烷煤炭的处置办法

如托运人在提供煤炭特性时已说明煤炭会释放甲烷，或者依据检测发现甲烷含量超过爆炸下限（LEL）20%，须立即启动应急措施：

1. 保持对煤炭表面的通风；

2. 注意将舱室内积存的气体排出，小心开启舱盖，避免产生火花；

3. 货舱或封闭处所未经检测，不能确定是否积存有毒气体时，人员不得轻率进入；

4. 船方应定期监测物料间、通道等围闭区域甲烷含量并保持通风，以确保人员安全。

### （二）对自热煤炭的处置办法

如托运人在提供煤炭特性时，已说明煤炭会发生自热，或者依据检测发现一氧化碳含量增高，须立即启动应急措施：

1. 装载煤炭完毕，须立即关闭各个窗口，且只能使用自然表面通风；

2. 不允许人员进入货舱；

3. 须确定煤炭温度是否超过 50℃，如超过则不得装载；

4. 舱内一氧化碳稳定上升，可能会发生自热，此时应完全封闭货舱，停止一切通风。

## 第五节　内河运输常见的水泥

水泥是一种粉状水硬性无机胶凝材料，与水搅拌后成浆体，能在空气中硬化或者在水中硬化，并能把砂、石等材料牢固地胶结在一起。

### 一、水泥分类

按包装类型，分为袋装水泥、吨袋装水泥和散装水泥。

按用途和性能，分为通用水泥、专用水泥和特性水泥。其中，通用水泥又可分为硅酸盐水泥、普通硅酸盐水泥、矿渣硅酸盐水泥、火山灰质硅酸盐水泥、粉煤灰硅酸盐水泥和复合硅酸盐水泥；专用水泥有 G 级油井水泥、道路硅酸盐水泥等专门用途的水泥；特性水泥又可分为快硬硅酸盐水泥、低热矿渣硅酸盐水泥、膨胀硫铝酸盐水泥、磷铝酸盐水泥和磷酸盐水泥。

按其主要水硬性物质名称，分为硅酸盐水泥、铝酸盐水泥、硫铝酸盐水泥、铁铝酸盐水泥、氟铝酸盐水泥、磷酸盐水泥和以火山灰或潜在水硬性材料及其他活性材料为主要成分的水泥等。

按主要技术特性，分为快硬性水泥、水化热水泥、抗硫酸盐性水泥、膨胀性水泥、耐高温性水泥等。

### 二、水路运输水泥货物应注意事项

内河水路运输装载水泥，可以按一般散货做好配载计划，注意舱容，防止亏舱，合理安排装载顺序，满足排放压载水与船舶总重要求，注意通过货物调节船舶吃水差，保证船舶稳性。

#### （一）装船前注意事项

清扫货舱，保证清洁无其他杂物；保持舱室干燥且舱壁无返潮现象；检查舱盖水密封口，确保舱盖保持水密；掏净擦干舱底污水井，污水井盖须包裹严实，防止水泥粉末渗入；详细检查舱室四周管路，确保通畅且无破漏；做好水泥粉尘隔离工作，避免装卸过程中粉尘随处飘移，影响船上设备正常工作。

#### （二）装卸过程注意事项

鉴于水泥具有易受潮的特性，装货全程要密切关注天气变化，防止水泥被雨淋湿。装货尽量装平，避免出现山形，防止船舶航行中货物倒塌，影响船舶平衡而危及船舶安全。

### （三）装载完毕注意事项

装载完毕，应盖好舱盖，加盖防水篷布；同时，注意保持舱口盖的压紧条、挡水条、排水沟、排水管止回阀等通畅。

### （四）航行途中注意事项

须谨慎关注刚装载的水泥变化情况。因为此时的水泥含有空气，比较松，船舶开始航行时要注意航行安全，防止大倾角摇摆，经过 3～5 小时水上颠簸后，水泥会压实，其表面和水平面夹角不超过 30°，一般不会发生移动。同时，定期检查货舱水密情况，确保货舱水密门、道门和入孔盖紧闭；航行途中不要随意通风；泵抽货舱污水井内的污水时，须做好必要的防护工作。

### （五）卸货注意事项

密切关注天气变化，关闭暂时不作业的舱口，防止货物淋雨，严禁雨中作业，及时清除舱口及甲板上残留的水泥。注意调整压载水，确保卸货期间船舶始终保持正浮，防止压载水从空气管中渗出，底舱采用自压方式压水，顶边舱压水要有专人测量，保证顶边舱压载水在任何吃水和横倾时均不会从测量孔和空气帽中溢出。

卸货完毕，须及时清舱，防止水泥残留于货舱内；清挖污水井。清扫从上往下进行，冲洗货舱要从舱底开始，保证足够的水流，须一次性全部冲洗干净，及时排出洗舱水；冲洗完成后，船舶所有管路检查恢复，通往货舱的二氧化碳管路应用高压空气吹通。通风设备的防火网黏附水泥等后会加速腐蚀，应根据实际情况及时更新。

## 第六节　内河船舶集装箱运输

### 一、集装箱船舶运输的发展历史

1956 年 4 月，美国海陆公司（Sealand）成为世界上第一家集装箱航运公司，用经过改装的油轮"Ideal X"号在纽瓦克和休斯敦之间运送了 58 箱货物。

2013 年，中国港口集装箱吞吐量为 1.9 亿标准箱，居世界第一位，占全球总箱量的 30%。世界 20 大集装箱港口中，中国占了 11 个；世界 10 大集装箱港口中，中国占了 7 个，集装箱运输推动了中国外向型经济的发展与壮大。号称"海上巨人"的世界最大、最先进的集装箱船之一"美瑞马士基"，2014 年 8 月 20 日首次以接近满载的载运量再度造访深圳。"美瑞马士基"总吨位超过 19.48 万 t，船长 400m，比"辽宁号"航母还要长近 100m。"美瑞马士基"船高 73m，船体满载货物时吃水深度 16m，横向可装载 23 排集装箱，满载能装载 1.8 万个标准箱。

有一种观点是，没有集装箱就没有贸易。这种说法一点都不过分。集装箱运输克服了散装货物运输的诸多不足之处，加快了货物流转速度，最大限度地降低交易成本，让世界经济一体化得以实现。它甚至改变了世界经济格局，影响力远远超过人们想象。水运集装箱运输因其标准化、高效率、低成本，已成为真正的全球经济大动脉。据统计，目前全球贸易量 90% 的货物通过集装箱船舶进行运输，集装箱船舶运输已成为世界贸易繁荣的基石。由美国经济学家马克·莱文森（Marc Levinson）撰写的《集装箱改变世界》一书，从集装箱的发明史娓娓道来，将一个看似平凡的主题衍变成一个个非同寻常的有趣故事，展现了一项技术的进步是如何改变世界经济形态的。

2008 年 4 月，由中远川崎建造的我国第一艘万箱集装箱船舶——"中远大洋洲"举行命名交船仪式。这是中远集团在国内订造 4 艘 1 万标准集装箱船舶的首制船，亦是当时世界上最大级别的集装箱船舶之一。法国籍国际知名艺术家创作的目前为止世界上唯一的集装箱"船画"《伊丽莎白的眼睛》（一名内罗毕基贝拉贫民窟的肯尼亚妇女）喷绘在 151 个集装箱上，长约 350m，高约 23m，比标准足球场还大，航行 11748n mile，从欧洲来到宁波，完成环航航行。

**二、集装箱的优越性**

采用集装箱方式开展水上运输比传统的运输方式优势更为凸显：一是提高装卸效率，缓解港口拥挤现状；二是节省包装材料，减少货损货差；三是缩短货物在途时间，加快车船周转；四是投入大量车船装卸机械化，降低作业人员劳动强度。

### 三、集装箱常识

#### （一）集装箱的标准

集装箱是指专供使用并便于机械操作、运输的大型货物容器。因其外形像一个箱子，又可以集装成组进行运输，故称为"集装箱"。

集装箱有国际标准集装箱、地区标准集装箱、国家标准集装箱、公司标准集装箱等。国际标准集装箱指按照国际标准化组织（ISO/TC104）制定的标准设计和制造的集装箱。国际标准集装箱可以长期反复使用，具有足够强度；途中转运不用移动箱内货物，可进行快速装卸，并可从一种运输工具直接方便地换装到另一种运输工具，便于货物的装满和卸空，具有 1m³（35.32ft³）以上的内容积。

国际标准集装箱的宽度均为 8ft，除 ID 型箱外总重量均为 30.48t，长度有 45ft、40ft、30ft、20ft 和 10ft 五种，高度有 9.5ft、8.5ft、8ft 和 8ft 以下四种，但是箱高 8ft 及 8ft 以下的集装箱目前极少。海运中最多采用的是 1AAA（箱容系数约 2.654m³/t）和 ICC（箱容系数 1.493 m³/t）两种。在大型和超大型集装箱船运输中，箱长 48ft、53ft 等非国际标准集装箱的运量逐步增多。

集装箱的计算单位（twenty-feet equivalent unit，TEU）：目前，世界各国大多采用 20ft、40ft 两种集装箱。为了便于统一计算集装箱的营运量，把 20ft 集装箱作为一个计算单位，把 40ft 作为两个计算单位。

普通集装箱的结构通常为封闭式。一般在一端或侧面设有箱门，箱内设有一定的加固货物的装置。这种箱子在使用时要求箱内清洁、不渗水、不漏水。对装入的货物要求有适当的包装，以便充分利用集装箱的箱容。

#### （二）集装箱箱体标识

1. 箱主号（MSCU）由四个字母组成。前三个字母由箱主自定，并向国际集装箱局登记，例如 COS 是中远、CCL 是中海、TGH 是弘信、MSC 是地中海航运；第四个字母为设备识别代号，例如 U 指常规集装箱，J 指带有可拆卸的集装箱，Z 指集装箱的拖车和底盘车。

2. 顺序号（400871）由 1 和 9 开头的，指特种箱；4、7 和 8 开头的，指大柜；2 和 3 开头的，指小柜。

3. 核对号位于顺序号之后，用一位阿拉伯数字表示，并加方框以示醒目。

用于计算机核对箱主号与顺序号记录的正确性。

MAX.WT 指最大工作总重量，用 R 表示；TARE WT. 指空箱自重质量，用 T 表示；PAYLOAD 指最大容许载货重量，用 P 表示。总重量计算公式：总重量（R）＝空箱自重质量（T）＋最大容许载货重量（P）。

4.国际铁路联盟标记，是在欧洲铁路上运输集装箱时必须具备的通行标志。在欧洲因各国的国界相连，铁路车辆往来频繁，而各国的铁路都有各自的规章制度，为了简化手续，对旅客、货物、车体及其他业务做了许多专门的规定，形成《国际铁路联盟条例》。凡是符合《国际铁路联盟条例》技术规范的集装箱，均可获得国际铁路联盟标记，即"ic"（Union internationale des chemins de Fer）。"ic"标记方框下部的数字表示各铁路公司代码，其中"33"代表中华人民共和国铁路。

《国际集装箱安全公约》（简称 CSC）要求主管部门对符合人身安全检验的集装箱加贴"CSC 安全合格"金属标牌。《集装箱海关公约》（简称 CCC）要求经过批准，符合运输海关加封货物技术条件的集装箱，增加标有"经批准作为海关加封货物运输"字样的金属标牌，常与"CSC 安全合格"金属标牌合二为一，以便集装箱进出各国国境时，不必开箱检查，从而大大加快集装箱流转速度。

### （三）集装箱装箱方式

1.整箱货（Full Container Load，FCL）：由发货人负责装箱、计数、积载并加铅封的货运，通常仅有一个发货人和一个收货人，一般由收货人拆箱，也可以委托承运人在货运站拆箱。除非货方举证确实属于承运人责任事故的损害，承运人才负责赔偿。承运人对整箱货以箱为交接单位，只要集装箱外表与收箱时相似，铅封完好，承运人就完成了承运责任。整箱货提单上要加上"发货人装箱、计数和加铅封"字样。

2.拼箱货（Less Container Load，LCL）：拼箱货涉及多个发货人和/或多个收货人，承运人负责装箱和拆箱操作，但是装（拆）箱的费用仍向货方收取。承运人对拼箱货的责任，基本与传统的杂货运输一致。

3.集装箱转运站：由承运人或其代理人接收货物装入集装箱或在拆箱后，由承运人或其代理人把货物移交给收货人的场地。

4.集装箱堆场：由承运人或其代理人将满载或空载集装箱收存或移交他

人的场地。

5. 集装箱经营人：经营集装箱业务的人。

### （四）集装箱交接方式

1. 门到门（Door to Door）：由发货人货舱或工厂仓库到收货人的货舱或工厂仓库，通常是满箱货。由于联运经营人无法核对所申报的货物是否都已装进集装箱，货物及包装是否良好，为了使其免除无法控制的责任，在提单上通常加注"据说集装箱含有"以及声明"系由发货人装箱、积载和计数"。

2. 站到站（CFS to CFS）：通常是拼箱货，一般发货人或收货人都是两个或两个以上。

3. 门到站（Door to CFS）：由发货人仓库装箱加封运到目的地集装箱转运站，由承运人或其代理人拆箱，将货物交给收货人。通常为 FCL/LCL。这种货运，发货人是一个，而收货人则是两个或两个以上。

4. 站到门（CFS to Door）：由发货人将货物运到集装箱转运站，由承运人或其代理人将相同收货人的货物拼装到一个集装箱，运到目的地收货人仓库拆箱。通常是 LCL/FCL。这种货运，收货人是一个，发货人则是两个或两个以上。

门到门、门到站：由发货人装箱、加封，在到达目的地铅封完好的情况下，承运人对箱内货损货差是不负责任的。

站到站、站到门：由承运人装箱加封，一般在装箱时均经检验与理货，承运人对箱内货损货差是需要负责任的。

### （五）集装箱分类

按用途，集装箱可以分为杂货集装箱、通风集装箱、开顶式集装箱、平台式集装箱或台底式集装箱、冷藏集装箱、干散货集装箱、灌式集装箱和动物集装箱。其中，杂货集装箱占比最大，这类集装箱又称为通用集装箱，它适合装载除散装液体货物和需要调节温度货物以外的各类杂货。此外，随着冷链物流的发展，冷藏集装箱在水上运输也得到广泛应用。冷藏集装箱是指箱体内配置冷冻机器，使箱内温度保持在 $-25\,℃$ 至 $25\,℃$ 之间某一指定温度的一种绝热集装箱。20ft 箱和 40ft 箱两种箱同时具备。适合装运要求保持一定温度的冷冻货物或低温货物，例如鱼、肉、新鲜果蔬、危险品或某些化工品等。

### 四、集装箱船的特点

通常情况下，吊装式集装箱船被称为集装箱船。这类船舶上大多不设置装卸设备，完全需要利用岸上集装箱装卸桥将集装箱吊进、吊出，开展装卸作业，其特点如下：一是单层甲板，舱口宽，货舱与舱口保持一致；二是货舱内配置固定的箱格导轨，舱面配置集装箱系固装置；三是采用双层体船壳结构，配置大容量压载水舱；四是采取艉机型或舯后机型。

集装箱船上每一个装箱位置均按国际统一的代码编号（ISO 9711.1—1990标准）方法表示。以集装箱在船上呈纵向布置为前提，每一个箱位坐标以六位数字表示。最前两位表示行号（Bay No.），中间两位表示列号（Row No. or Slot No.），后两位表示层号（Tier No.）。行号、列号、层号的每组代码不足10者在前一位置零。由此可见，集装箱船上每一个装箱位置，均对应唯一的以6位数字表示的箱位坐标。

### 五、内河集装箱船的配载与积载的特点

#### （一）最大限度利用集装箱船舶载箱能力

编制集装箱船积载计划，其实与编制其他类型船舶积载计划的原理是一样的。当航次集装箱源充裕时，注意校核集装箱的装箱容量与航次订舱单所列的集装箱数量是否吻合。这是编制集装箱船积载计划的首要关键环节。

表征集装箱船装箱容量大小指标，包括换算箱容量、20ft箱容量、40ft箱容量、45ft箱容量、特殊箱容量等。

集装箱船运载危险品箱、冷藏箱、非标准箱、平台箱等特殊箱数量是有一定限制的。为集装箱船配仅限于舱内积载的危险品箱时，须考虑这一限制条件。冷藏箱因受集装箱船上电站容量和电源插座位置的影响，每一艘集装箱船所能够装载的冷藏箱的最大数量和装箱位置是确定的。某些集装箱船有非标准箱最大装箱容量限制。这些问题均应予以考虑。

提升集装箱船箱位利用率有以下途径：一是装货港箱源充裕，选配特殊箱的箱位时，应尽可能减少承运这类货箱时箱位损失数量，造成不合理亏舱；二是预配箱位时，如集装箱船某离港箱源数量接近船舶标准箱容时，应当核对订舱单上该离港状态的20ft箱、40ft箱、45ft箱数量是否与船舶的20ft箱、

40ft 箱和 45ft 箱容量相匹配，以期提高集装箱船的箱位利用率；三是为提高集装箱承运能力，避免倒箱数量，箱位配置时，努力保持不同卸货港集装箱垂向配置箱位，做到卸箱通道相互分开；四是须由船上供电的冷藏集装箱数量超过该船限定冷藏集装箱容量时，超出部分应改用自行制冷的冷藏箱。

**（二）科学利用集装箱船的净载重量因素，提高箱位利用率**

箱位接近装满，船舶重心自然提升，为确保适度的稳性，需打入压载水。因此，应合理确定不同卸货港、舱面与舱内轻重集装箱比例，以此调节船舶重心，减少用于降低重心所需压载水重量。

**（三）确保稳性为前提条件**

除落实普通船舶稳性衡量指标要求外，还要严格执行国内航行集装箱船稳性指标要求的法定规则：一是经自由液面修正后，初稳性高度 $GM$ 不得小于 0.30m；二是集装箱船在横风作用下，从复原力臂曲线上求得的静倾角应不大于 1/2 上层连续甲板边缘入水角，且不超过 12°。

**（四）各类集装箱箱位的合理确定问题**

编制积载计划时，需了解航次箱源的挂港数量、集装箱平均重量、特殊集装箱对运输的具体要求。划定各挂靠港的装箱区域，按以下原则配位：先配特殊箱，后配普通箱；先到港箱后配，后到港箱先配。为每个集装箱选定合理、具体的箱位。

**（五）满足装卸顺序和迅速装卸要求**

减少中途港倒箱现象，综合考虑整个航行挂港顺序和各挂港箱源情况，避免后卸港的集装箱挡住先卸港的集装箱，或挡住先卸港集装箱的通道，不断满足迅速装卸集装箱的要求。

**（六）务必按照《货物系固手册》满足集装箱船系固集装箱的要求**

避免内河船舶航经浅滩或水流湍急航段时，因系固不当导致集装箱移位、倒塌、系固件损坏及集装箱落水等事故。

**（七）航行过程中的注意事项**

1. 装箱前，承运人应提供充足且良好的系固索具，详细查明船舶各系统符合"适航性""适货性""适人性"状态；卸箱前，承运人应向卸箱工人讲解系固情况，便于卸箱工人合理操作。

2. 装箱全过程监控，应确保严格按积载计划确定的集装箱箱位，不得随意人为变动，仔细检查集装箱箱门铅封完好与否，有利于明确各方责任。

3.确定集装箱箱体外部状态良好与否，是否有液体渗漏或气体泄漏，分清原残（装船之前已存在的残损）还是工残（装船过程中造成的残损）。这关系到承运人是否要对被损坏、变形集装箱负责任的问题。如在卸箱港，港方发现集装箱为原残，承运人最终要对收货人或保险人赔偿。

4.严格把好冷藏箱、危险品箱装船质量关。

5.落实集装箱系固各项要求，尤其做好舱面集装箱系固，与运输过程安全关系密切。

6.集装箱船航行途中，应对所载集装箱进行有效监管，随时检查系固是否有松动或断裂。如有，须及时加固。应加强对有温控要求的集装箱进行监控；关注航行途中气候变化情况，及时采取必要措施避险。

## 第七节　水路运输货物包装与标志

### 一、货物包装

根据《水路、公路运输货物包装基本要求》（JT/T 385—1999），包装是指保护货物在运输、装卸、仓储过程中安全、完好的必要条件。规范货物包装基本要求，可以减少货物在运输、仓储、装卸中的货损。

货物的包装分为内包装和外包装。内包装通常使用金属纸、玻璃纸、塑料袋等材料，包括瓦楞纸、泡沫塑料等缓冲填塞材料。它们具有防潮、防震、防异味感染和防气味散失作用，还可以防止货物受外部环境变化影响而受损。外包装位于货物最外层，包括箱装、袋装、桶装、包捆装、特殊包装和裸装，其作用是防止货物受外力冲击、挤压或货物跌落，导致货物破损，便于货物安全装卸和安全运输。

货物包装一般规定：货物包装应牢固、可靠，能够满足公路、水路运输和多次装卸而不发生损坏的需要，并便于交接、点验、装卸、搬运、堆码等；包装货物应满袋成形，便于堆码，内装货物应均布装载，排列整齐、衬垫妥实，不窜动；重心居中靠下，封口严实牢固，不撒漏；包装要整洁、干燥、没有异味和油渍；捆扎货物所用的包装带应能够承受该货物的全部重量，保证货物被提起时不断开；包装的外部不得有凸起的钉、钩、刺等。

包装的形式与限重（容量）见表6-3。

表6-3 水路运输货物包装形式与限重（容量）

| 序号 | 包装类别 | 包装形式 | 限重（容量） |
|---|---|---|---|
| 1 | 箱类 | 普通木箱 | 约200kg |
| | | 框架木箱 | 500～20000kg |
| | | 瓦楞纸箱 | 55kg |
| | | 钙塑瓦楞箱 | 30kg |
| | | 塑料箱 | 50kg |
| | | 金属箱 | 约2000kg |
| 2 | 桶类 | 钢桶 | 200L |
| | | 铝桶 | 50～200L |
| | | 木桶 | 50kg |
| | | 硬塑料桶 | 50～200L |
| | | 胶合板（纤维板、硬纸板）桶 | 30kg |
| 3 | 袋类 | 麻袋 | 100kg |
| | | 塑料编织袋 | 60kg |
| | | 布袋 | 25kg |
| | | 纸袋 | 50kg |
| | | 集装袋 | 500～3000kg |
| 4 | 筐（篓、笼）类 | 筐、篓、笼 | 40kg |
| 5 | 坛（罐、缸）类 | 坛、罐、缸 | 50kg |
| 6 | 包类 | 布包 | 200kg |
| | | 纸包 | 20kg |
| 7 | 捆绑类 | 捆扎 | 10000kg |
| | | 局部包装 | — |
| 8 | 夹板类 | 夹板包装 | 230kg |
| 9 | 轴盘类 | 轴盘 | — |
| 10 | 特种包装类 | 特种包装 | — |

## 二、货物标志

货物的标志又称"唛头（英文 mark 的译音）"，这是运输标志的一种习惯称谓，由托运人（发货人）采用涂刷、印染、拴挂、粘贴等方法，通常以型号、图形、收货单位简称或文字制作标志。

唛头的作用是便于装卸搬运工人识别、辨认货物，以利于装卸、分票、理货和交接，防止货物错发。主要内容包括收货人代码、发货人代码、目的地名称、件数（货物批号）、货物重量、货物原产地、货物尺码、货物性质和注意事项等。

货物标志应显示在货物或包装两面或两端明显位置，尺寸大小适中，所用材料颜色鲜艳、耐温、耐磨、不溶于水，以确保船舶抵达目的港（地）时仍清晰可认。

货物托运人应当按照贸易合同规定，负责对货物加以正确包装和标志。承运人在接收所运载的货物时，应当认真检查货物包装、标志是否正确，是否清晰。承运人有权拒绝装运（或有权要求托运人改进或重新包装）贸易合同有要求，但是装船时发现包装标志缺乏或错误、标志模糊不清的货物。

## 第八节　保险人防灾防损

在内河货物运输中，对于已投保船舶保险或货物保险的运输，防灾防损既是承运人的事，也是保险人的事；既是航运风险管理的重要内容，也是保险经营的重要环节。通过采取防灾防损措施，防患于未然，减少航运危险发生频率和事故损失，从而降低保险人赔款支出。以下着重介绍保险人防灾防损工作。

### 一、承保前防灾防损

承保是经营保险的首要环节，其质量优劣直接影响保险经营效益，此阶段防灾防损主要内容如下。

一是协调托运人、承运人、收货人之间的关系，加强防灾防损宣传，提高各方对运输途中防灾防损重要性的意识。

二是掌握航次船舶适航、适货性及运输货物属性，评估在各种不同运输方式中出现风险隐患的系数，提高承保质量。结合既往赔案发生的经验、教训，对特殊属性货物，设置限定承保条件，保险人协助承运人、生产企业（或发货人）对出险率高的货物改善生产工艺、储运方法、货物包装等，以适应运输要求。

三是检验货物包装是否符合国家内河运输规范。包装是保证货物完好的重要条件，与内河船舶运输安全、减少或避免货损货差关系密切。航运开始前，详细检查货物包装，对保证货运保险的承保质量非常重要。

四是了解航运路线风险状况。对汛期、枯水期航运风险应有所了解，提醒承运人加强航运安全管理。

五是考察承运人资信情况和装载货物船舶的状况，便于有针对性地加强风险管控措施。

六是对存在的风险隐患提出整改建议，结合承保费率表、免赔条件对风险加以控制。

### 二、航运途中防灾防损

一是齐抓共管，抓好防灾防损。内河航运风险受托运人、承运人、收货人、运输路线、仓库、港口等多方因素共同影响，防灾防损工作仅靠保险人自身力量是远远不够的，必须与气象、消防、港航、海事、船检等机构相互合作。

二是加强监装监卸。这是抓好货运防灾防损工作的重要手段，包括对承运人监督、对装卸人员监督两个方面内容。

三是特殊货物，特殊措施。对特殊货物、特殊航段采用特殊方式，强化防灾防损工作。如船舶途经危险航段，由经验丰富的驾驶人员驾驶船舶，对贵重货物采用押运方式等。

四是对承运人的运输工具、货舱或货物堆场等进行定期安全检查。

### 三、损失发生后防灾防损

一是获悉船舶发生事故后，保险人应立即赶赴事故现场，配合相关各方做好抢险救灾工作，防止灾害蔓延，努力降低损失。

二是督促承运人（被保险人）采取积极、合理的施救措施。

三是通过赔案处理，建立典型案例档案，分析研究事故发生原因及其发生规律，及时向承运人（被保险人）提出控制风险的建议。

四是以统计资料为基础，加强对各种风险因素的分析研究，改善承保条件，同时向有关部门提供翔实的事故信息，共同做好防灾防损工作。

# 第七章　理赔与追偿实务

保险首要的社会职能是履行经济补偿。它既是保险自身的职责，也是保险应尽的法律义务。保险人保险理赔质量高，客户满意度则高，市场信誉就好；反之，客户满意度则低，市场信誉就差。

理赔工作必须坚持"重合同守信用、实事求是、及时赔偿"原则，及时接受客户出险报案，快速查勘事故现场，查明事故原因；及时核定损失，及时赔偿客户经济损失。

保险人应依据法律行使"代位求偿权"，维护自身合法权益。

## 第一节　受理报案

《国务院关于保险业改革发展的若干意见》指出，保险具有经济补偿、资金融通和社会管理功能。经济补偿功能是保险业的立业基础，是商业保险最基本的功能，也最能体现保险业的服务特色与核心竞争力，更是保险业有别于其他行业最根本的特征。保险人能够提供优质的保险理赔服务，市场信誉则好，客户满意度则高，保险公司市场竞争力则强，从而促进保险业可持续发展。因此，每一家保险公司都会着力提升理赔质量和效率。《中华人民共和国保险法》第二十三条、第二十五条均对保险人理赔做出具体规定，保障被保险人的利益，促使保险人做好理赔服务。

与此同时，保险人根据保险单所适用的内河船舶保险条款中，关于"保险船舶发生保险责任范围内的损失应由第三者负责赔偿的，被保险人应向第三者索赔。如果第三者不予支付，被保险人应采取必要措施保护诉讼时效；保险人根据被保险人提出的书面赔偿请求，按照保险合同予以赔偿，同时被保险人必须依法将向第三者追偿的权利转让给保险人，并协助保险人向第三者追偿"。

保险人在理赔时，为达到不惜赔、不滥赔、不错赔的目的，应该遵循"实事求是、依据合同、及时赔付"的原则。内河船舶保险理赔流程如图7-1所示。

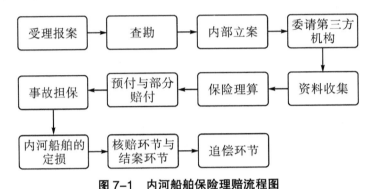

**图7-1 内河船舶保险理赔流程图**

被保险船舶发生事故以后，被保险人根据保险条款规定，及时通知保险人，这个环节为出险报案。保险人接到出险报案后，由前台工作人员进行报案信息登记，查询保险单承保情况，并根据理赔管辖区域和权限做出是否调派理赔员查勘现场的过程，则为报案受理环节。

## 一、报案

根据内河船舶保险条款规定，被保险人一经知悉保险船舶发生事故或遭受损失，应在48小时内通知保险人，并采取一切合理措施避免或减少本保险承保的损失。被保险人报案的方式可以是电话、电子邮件、微信、保险公司APP等。

### （一）电话报案

每家保险公司都会有专设的报案电话供被保险人报案。如果被保险人向承保公司、业务员、理赔员或其他任何非专线人员以电话或电子邮件的方式报案，接到客户报案的人员应当立即告知并引导客户直接向专线电话报案。

### （二）信息提供

报案时，被保险人应提供下列信息：被保险人名称、投保险种、保单号码、出险时间、出险地点、出险原因、受损情况、报案时船舶具体位置、报案人姓名、联系电话、船舶现场联系人姓名和联系方式等。

（三）特殊情况处理

1. 异地出险或其他原因。报案时无法提供保单或保单号码，且无法在本保险公司业务系统中查询到承保信息的，经报案者确认属于本保险公司客户的，专线可以进行记录并强制报案，先行派人处置。待报案人或理赔人员查询到保单信息后，再及时通知电话专线，将强制报案转为正式报案。

2. 共保或联保案件。共保系指保险公司与保险公司之间的承保合作；联保系指保险公司自身内部系统之间的承保合作。当接报案公司为首席承保人时，应于10分钟内转报专线，并尽快通知其他共保或联保方，按照有关协议，决定是否需要召集其他共保或联保方共同参与现场查勘；接报案公司为非首席承保人，在接到首席承保人的损失通知后，也应于10分钟内转专线电话，并按照有关协议决定是否参与现场查勘。

3. 通过保险人微信公众号或APP报案。按程序要求的格式填写各项报案要素，包括被保险人名称、保单号码、出险时间、出险地点、事故经过（简要）、联系人及联系方式等。

## 二、接报案

接报案是保险人应尽的义务，同时也是理赔服务工作的开始。保险人应认真做好以下工作。

（一）应询问

报案人情况（包括报案人姓名、电话、与被保险人的关系）、保险情况（包括被保险人名称、船舶名称、保单号码、承保险种、具体险别）、出险情况（包括出险时间、地点、原因、大概损失情况）等。

（二）应查询

通过查询保单，了解客户在本保险公司的承保情况。

（三）应记录

在确认出险船舶为本保险公司投保或无法确认出险船舶一定不在本保险公司投保的情况下，均要做好信息记录。

（四）应说明

应向报案人说明后续的理赔安排，通知查勘定损人员及时与客户联系或告知报案人本保险公司查勘定损人员的联系人及联系方式。

### （五）应在线处置

通过本保险公司微信公众号或 APP 报案的，相关报案信息将提交到集中审核平台，由在线理赔人员处置。

### 三、人员调度

一是立即调度，即接到船舶出险报案后，专线接报案人员应根据理赔人员安排，立即调度给处理船舶险案件的理赔员。

二是合理调度，即对理赔员实施调度后，如果理赔员认为其执行该项查勘任务有困难而不能接受调度时，调度人员应重新予以考虑，再调度能够完成查勘船舶险案件的人员执行本次调度，同时，须记录本次调度的详细信息。

三是专线接案人员不能直接调度到具体的船舶险理赔员的案件，应立即通知二级调度员，由二级调度员根据船舶出险地域，调度恰当的船舶险理赔人员，直接现场查勘和定损工作，同时，须做好出险报案、调度信息记录。

四是通过本保险公司微信公众号或 APP 报案的，通常都由平台在线理赔人员完成案件相关处置工作。

## 第二节　现场查勘

### 一、查勘前需要做好的准备工作

接到调度后，现场查勘人员应做好以下准备工作。

### （一）查询保单抄件，掌握承保信息

必要时，联系承保公司，提供保单、保险协议副本。重点了解承保险种、保险金额、特别约定等内容，及时查询保险费缴纳、共保、联保以及分保信息等。

### （二）远程联系，掌握事态

立即与被保险人、出险船舶的船长、船员或其他相关人员取得联系，了解出险船舶现状和动态。

### （三）制定查勘预案

根据出险查勘地点的不同，查勘工作周边环境，制定查勘工作预案，分配查勘人员，做好交通工具准备，谋划好行程等。根据工作任务，备齐相应查勘工具，包括照相机（或摄像机）、皮尺、录音笔、移动查勘定损系统，准备空白查勘记录纸、空白"定损协议书"等。

## 二、现场查勘的工作要点

船舶险事故第一时间、第一现场的查勘工作非常重要。现场查勘工作要求初步确定事故原因、损失范围、损失程度、大致损失金额，及时收集掌握船舶发生事故的第一手资料证据，便于分析确定事故原因，判定事故责任。具体工作要点如下。

### （一）掌握出险时间

调查了解船舶出险的精准时间，以此判断事故是否发生在保险单有效期间内。尤其对出险时间接近保险起止期限的案件，更加要留意。

### （二）现场记录须详细

全面检验并记录船舶受损的范围、修理项目和修理范围，尽量做到全面无遗漏。

### （三）现场取证要翔实

现场照片是保险事故现场的真实记录，力求清晰、准确、完整，同时必须显示时间，体现查勘地点、现场概貌及船舶的全部受损范围、受损程度等。除保险船舶沉没等无法拍照的案件外，现场照片须拍摄4张以上（含全船照片、损失部位照片、损失细节照片、查勘人员照片）。重大且可能引起重大争议案件，还应通过摄像方式保留资料。必要时，可以绘制能反映事故基本概貌、事故现场周边环境的草图。

### （四）认真开展船员调查取证

调查船员应当包括船长、值班驾驶员、轮机长、值班轮机员和其他重要证人。

1. 对不同性质的事故，船员调查的重点各有不同。

（1）对于机器损坏事故，调查主要对象为船长、轮机长、当班轮机员等；

（2）对于火灾及爆炸事故，调查主要对象是首先发现火灾的人员、最后离开事故现场的人员、值班人员、船长；

（3）对于船舶搁浅、触礁等事故，调查对象应为当班驾驶员、船长等；

（4）对于碰撞及触碰事故，调查重点对象应包括船长、当班驾驶员等。

船员调查笔录应当有被调查人和记录人的签字确认。

2.不同类型的事故，调查内容及重点各不相同。

（1）对于机器损坏事故，调查重点：轮机部门相关人员的配备及任职资格；船舶型号、主（辅）机功率型号、建造厂家、建造年份等基本概况；受损船舶机器日常维护保养及日常运转细节；事故发生前受损机器有何异常现象和运转状况；事故发生全过程的细节情况；船上工作人员施救措施及成效等。

（2）对于火灾及爆炸事故，调查重点：事故发生时间、事故发生地点；首先发现火灾的人员对事故当时情况的详细陈述；事故发生可能的原因；事故发生时船舶周围的风向、风速、能见度等；发生火灾、爆炸事故第一现场的准确时间及具体位置；火灾事故发生后采取灭火措施的时间和灭火效果，耗费灭火器材种类与数量；为了抢救是否采取破坏性措施，如对船舶属具、船体是否采用切割等；救援队到达现场开展救援时间、投入救援的工具和耗材使用等详细情况；船体、船上所载货物、人员伤亡、环境是否污染等善后处理详情。

（3）发生船舶搁浅、触礁等事故，调查重点：船舶雷达配备及雷达功能等基本情况；船舶配员数量是否足员，适任资格是否符合国家有关规定；驾驶员对所经航区水流、水底礁石分布、水深、浅滩、水位变化等情况是否熟知；船舶是否超载，艏、尾吃水情况如何；航行期间风向、能见度、航向及航速等详细情况；触礁、搁浅发生时间、船舶具体方位；船舶是否损坏，所载货物是否受损，航道是否已发生污染。

（4）碰撞及触碰事故发生后，调查重点：船型、主机型号、助航与导航设备等船舶基本情况；本航次船舶是否超载，艏、尾吃水情况如何；船员配备是否符合规范要求；风向、风力、能见度等自然条件；事故前我船航向、航速变动情况和对方船航向、航速变动等观察情况；我船采取避碰措施是否正确和对方船舶所采取避碰措施的情况；碰撞发生的准确时间及碰撞地点、碰撞的具体部位及交角情况；碰撞后，双方各自采取的措施。

### （五）协助指导被保险人采取施救救助措施

现场查勘人员根据船舶受损具体情况，协助和指导被保险人采取适当措施，施救整理受损财产，减少损失或避免损失进一步扩大。保险责任可确定的案件，对于下一步船舶修理方案、价格标准可以提出原则性意见。

### （六）协助和指导被保险人向第三方索赔

如发生船舶碰撞或其他涉及第三者责任案件时，应向被保险人着重说明被保险人应履行保单规定的义务，及时向有关责任方以书面方式提出索赔，以保障被保险人和保险人的利益；如因被保险人的不作为，致使保险人无法确定责任归属或丧失保险公司追偿权的，保险人可以拒赔或相应扣减赔款。必要时，应要求被保险人及时采取扣船等财产保全措施，取得责任方的担保。

### （七）现场收集相关书面资料

例如船舶证书、航行日志、轮机日志、事故报告。现场无法收集的单证，应向被保险人提供理赔所需单证的清单，要求其尽快提供。

### （八）填写现场查勘记录

现场查明船舶出险时间、出险地点、出险原因、船舶受损情况、修理范围等，应当完整记录在现场查勘记录中，并须请被保险人代表和在场人员在现场查勘记录上签字确认，避免事后对损坏范围、修理项目等引发争议。

### （九）初步判断出险原因和大致损失金额

通过现场查勘，初步判断出险原因和大致估损金额。现场能够明显确定不属于保险责任的，可以现场通知被保险人。对于需要收集更多证据才能确定的，则需要谨慎对待，避免引起争议和造成后续处理困难。

### 三、委托查勘

对于定损技术性较强、定损难度大、保险责任容易引起争议，或事故地点在国内异地，保险公司派员直接查勘不方便的事故，可以委托第三方机构进行现场查勘。

委托查勘的第三方机构有两种：保险公估机构、具有较强专业技术能力且符合案件理赔需要的其他检验机构。

委托检验人可以依据不同情况，采取口头或书面委托的方式。检验人应当及时确认接受委托，并通知登船检验师的名字和联系方式以及预计登船时间。

对于复杂案件，应采用书面委托方式，明确具体任务。

原则上，检验人在完成现场查勘后，应当在 24 小时内向保险公司提交初步报告。后续检验过程中，根据检验进展情况，及时提供后续的进展报告。

### 四、查勘定损工作注意事项

一是损失较小或者不便查勘的案件，可通知被保险人自行拍照记录并密切跟踪案情进展，及时给予指导并告知处理意见。照片须包括船舶整体、损坏部位的特写，必要时还须人船合影。

二是委托查勘，应当根据案件性质的不同，明确检验人的工作重点，案件处理过程中应保持与检验人沟通渠道畅通。

三是案情重大、责任不清或者涉及船员调查、扣船、担保等事项，可以考虑委托专业律师协助处理。

四是查勘结束后，查勘人员应及时记录查勘（定损）信息。如果估计损失金额较大，案件处理人员应立即将大案出险信息通知相关部门。同时，视案情决定是否成立重大损失案件理赔小组。

## 第三节　内部立案

查勘完毕后，应根据查勘和估损信息做立案处理。

### 一、立案基本要求

#### （一）内河船舶险立案时限

一般情况下，无论该船舶险赔案是否经过查勘、损失是否能够准确估计，保险责任是否完全确定，只要是有效报案，且暂时无法排除保险责任的案件，都必须在接到报案后 5 日内做立案处理。对于超过 15 日未立案的案件，通常实行强制立案，并根据相应具体险类的案例平均估损金额，赋予估损。

#### （二）立案信息

包括出险原因、出险区域、出险地点、出险船名、索赔金额、估损金额、直接理赔费用等。

## 二、估损金额确定及偏差纠正

### （一）估损金额确定

估损金额应为依据当时掌握的情况定下最接近可能赔付金额的数额。主险种、附加险损失金额应分别估损。直接理赔费用包括各项损失、公估费、检验费、专家费、律师费、诉讼费等。

通常情况下，按保险人理赔考核指标，原则上要求估损偏差率正负不超过10%。

### （二）偏差纠正

由于船舶险承保存在范围广泛、技术性较强，理赔系统对于立案的时效要求又较高，初次立案时难以准确估计损失金额等问题，为了保证业务数据的真实性，理赔处理人员应根据案件的实际进展，及时调整估损金额。同时，随着案件处理进展，最终定损金额高于原估损金额的，则需要在理算前纠正估损偏差，否则保险人理赔系统将提示无法进行理算。

## 三、立案特例

### （一）报案注销

1. 报案但未立案，凡符合以下条件的情形，可以做报案注销：（1）客户报错案；（2）客户重复报案；（3）不属于投保险别或险种出险；（4）客户主动放弃索赔。

2. 注销流程：一是因上述（1）（2）项原因时，必须有理赔人员的书面说明材料；二是因上述（3）项原因时，必须有与客户确认的电话录音（对方号码原则上应为客户报案来电号码）或本保险公司出具的不予受理通知书；三是因上述（4）项原因时，必须有与客户确认的电话录音（对方号码原则上应为客户报案来电号码）或客户书面声明材料。

### （二）立案注销

1. 立案后，凡符合下列条件的案件，可以做立案注销处理：（1）客户报错案；（2）客户重复报案；（3）不属于投保险别或险种出险，但因理赔人员操作失误等已立案的。

2. 注销流程：一是因上述（1）（2）项原因时，必须有理赔人员的书面说明材料；二是因上述（3）项原因时，必须有与客户确认的电话录音（对方号码原则上应为客户报案来电号码）或本保险公司出具的不予受理通知书；三是因本保险公司理赔人员操作失误的，应同时提交书面说明。

### （三）零结案注销

已立案的赔案并经查勘，客户主动放弃索赔或发现无事故责任且不需赔付的、事故损失小于免赔额等情况的，经客户同意，可作为零赔付案件结案。

### （四）立案拒赔注销

已经在系统内立案估损，客户已经提出正式索赔申请，理赔人员经过调查、分析，审核单证，认定不属于保险责任的案件，应做立案拒赔处理。

## 第四节　委托第三方处理

内河船舶保险理赔，尤其是复杂案件，其处理过程技术性强，涉及面广，时效要求高，对于责任归属的判断容易引起争议，在直接派人员查勘不方便时，保险人可以委托第三方机构代为查勘或者提供专业咨询。

### 一、常见第三方机构

#### （一）保险公估人

保险公估人是经中国银行保险监督管理委员会批准，依照相关法律法规设立，取得保险公估经营资格的法人。在选择船舶保险公估人时，应着重考虑公估机构的船舶事故检验经验、本专业经历、公估机构特长是否适合该事故、公估机构的声誉等因素。

#### （二）律师

对于涉及提供或接受担保函、提前介入追偿等法律专业技术较强的案件，可以在理赔阶段委托律师。

#### （三）专家

利用专家专业技术性强的特点，对于一般公估人或船舶检验师无法确定的船舶事故，例如碰撞码头、桥梁，复杂机电设备、岸吊、港口设施、水产养殖等损失，委托专家处理，往往达到事半功倍的效果。

### （四）调查机构

对出险原因、损失金额、保险标的价值等有疑问的案件，可以委托调查机构（如反欺诈调查公司）进行调查。

### （五）其他机构

一般公估人或船舶检验师无法确定船舶事故时，还可以委托其他机构，如检疫机构、质检机构、商检机构、船检机构、船级社、专业技术咨询公司等，利用其在某些领域专业技术性强的优势确定船舶事故。

## 二、聘请程序与监管办法

根据需要，可采取口头或书面聘请方式。受聘机构应当及时确认接受聘请并告知赴现场人员的名字和联系方式以及预计到达时间。案件较为复杂的，应尽量书面聘请，一是可以明确委托任务，包括确定船舶的受损范围、估计各项损失和费用、调查事故原因、评估救助方案等；二是可以明确费用标准；三是可以明确完成工作时间，同时完成现场查勘后，应当在 24 小时内向委托人提交初步报告，并根据检验进展情况，及时提供后续的进展报告。

## 三、费用标准

受托人费用支付方式通常有两种：一是按工作时间付费；二是按照损失评估金额的一定比例付费。

在实务中，由于船舶险损失金额较高、技术性强，更多采取按照检验时间和损失金额大小相结合的付费方式。

## 第五节　事故担保

## 一、事故担保的种类

事故担保是指保险人为被保险人或保险标的向债权人提供的债务担保以及在诉讼程序（包括诉前程序）中保险人向法院提供的担保。

事故担保常见情形有碰撞触碰责任担保、救助（打捞）担保、共同海损担保以及海事诉讼程序中涉及的海事请求保全、海事证据保全、海事强制令、设立海事赔偿责任限制基金担保等。

## 二、接受担保注意事项

### （一）担保金额应充分

这是指担保金额应能弥补被保险人因船舶损坏可能遭受的全部损失。事故发生后，被保险人应根据本船的检验报告、救助情况等，列出本船可能遭受的全部损失项目和损失金额，并按惯例加 30% 的利息和费用，作为向责任方索取担保的金额。

### （二）接受的担保应可靠

这是指将来万一对方不履行其应当承担的赔偿责任时，担保应具有强制执行的可能性或者担保方具有良好的信誉。一般情况下，国内银行、国内保险公司等金融机构提供的担保函都是可靠的。

### （三）保全措施

如果责任方拒不提供充分、可靠的担保，或者担保措施、担保金额不能及时确定，被保险人应在合适的时机向法院申请采取海事请求保全措施。

### （四）涉外担保

接受具有涉外性质的担保，担保措辞应采用国际通用格式，并争取在担保函中约定管辖权为国内的法院并适用中国的法律。

## 三、主动管理与控制关键环节

### （一）内河船舶救助

1. 救助种类及选择。发生保险事故后，内河船舶的船东应积极、主动地采取各种合理措施进行施救。在采取各种自救措施后，如仍无法使船舶脱离危险，且险情可能恶化的情况下，保险人应要求和协助船东、船长等，尽一切可能采取合理措施，并积极寻求第三方救助，以免加重或扩大损失。理赔人员应第一时间了解事故现场的详细情况，包括气象、航道航线的情况、潮汐状况、事故发生地周围礁石分布情况、船舶受损情况、船上所载运的货物状况等，准确判断是否有申请救助的必要、申请救助的合理时间、选择签署哪种类型的救助合同、救助报酬标准是否合理等。

按收费方式不同,救助合同一般分为一揽子救助合同、雇佣救助合同和"无效果无报酬"救助合同。其中,一揽子救助合同是指救助作业结束后,由委托救助方支付事先约定的总费用的救助;雇佣救助合同是指按照约定的救助报酬标准,根据救助人所投入的人力、设备等按照合同约定标准计时收费的一种救助;"无效果无报酬"救助合同是指救助人依据获救财产价值的一定比例计算救助报酬,若救助无效果,救助人无权获得救助报酬。

2. 安排救助的一般原则。救助难度较低,成功把握较大的,应尽量签订雇佣救助合同或一揽子救助合同,控制救助费用的支出。救助作业风险较高,成功把握较低的,可以签订"无效果无报酬"救助合同,待救助完成后协商或通过法律途径确定救助报酬。

3. 内河船舶打捞。

（1）打捞船舶的价值评估。对于船舶沉没案件,被保险人往往会征求保险人对沉船是否进行打捞的意见。打捞分为"强制打捞"和"非强制打捞"。

强制打捞:指有关港航管理部门,按照交通部颁布的《中华人民共和国打捞沉船管理办法》规定,对严重危害船舶安全航行的沉船及妨碍船舶航行、航道整治或者工程建筑的沉船,组织进行打捞或要求沉船所有人、经营人限期打捞的情形。对于这种情形,由于沉船的打捞作业是法定强制性的,因此保险人无须在打捞作业前就是否对沉船进行打捞出具意见,但应协助被保险人寻找具有打捞资质且打捞收费较低的打捞公司。待沉船打捞作业结束后,保险理赔人员根据船舶是否具有打捞价值进行核赔。如沉船打捞费用、后续救助费和船舶修理费用等之和大于船舶保险价值,则对于保险人来说该沉船并无打捞价值,保险人可按照推定全损处理该案的赔偿。如沉船打捞费用、后续救助费和船舶修理费用等之和小于船舶保险价值,则该船舶具有打捞价值,打捞费用应在"救助费用"项下予以赔偿。

非强制打捞:保险人应对是否具有整体打捞的可能、打捞价值等立即做出判断和决策。对是否具有打捞价值的判断,保险人应充分地对探摸费用、打捞费用、船舶修理费用等做出合理预测评估。

如果各项费用之和高于船舶保险价值时,保险人应做出不予打捞的决定。此时,被保险人通常会向保险人提出委付申请,保险人应拒绝接受委付。只有预估残值明显超过打捞费用及其他处理费用之和,且船舶上不存在金额较大的优先权、抵押权，在充分考虑打捞风险的情况下，保险人才可以考虑接受。

（2）保险人应主动协助。协助被保险人选择合适的打捞单位、确定可行的打捞方案、参与打捞费用的谈判；对打捞的过程和结果进行全程跟踪；协助被保险人就打捞事宜与海事局等联系，争取在打捞单位资质、打捞时限、打捞许可等之间做出合理安排。

4. 正确选择打捞机构。打捞机构须具有整体打捞沉船的能力、以往打捞作业中有较高的打捞成功率和良好的社会信誉，符合海事局的资质要求，收费最合理。

按交通部授权，由中国潜水打捞行业协会制定的《打捞单位资质管理办法（试行）》（中潜协字〔2012〕27号）规定，明确打捞作业范围：（1）内河一级打捞单位，可从事内河吨位不限的沉船或沉物打捞作业；（2）内河二级打捞单位，可从事内河空载排水量不超过2000t的沉船或单件重量不超过2000t的沉物打捞作业；（3）内河三级打捞单位，可从事内河空载排水量不超过900t的沉船或单件重量不超过900t的沉物打捞作业；（4）内河四级打捞单位，可从事内河空载排水量不超过400t的沉船或单件重量不超过400t的沉物打捞作业。

5. 打捞价格的确定。目前国内在救助打捞费用方面，还没有统一的标准。实践中应综合考虑打捞难度、打捞危险程度、打捞设备、人员和技术要求等因素，结合当地市场价格水平，与打捞单位协商确定。在条件许可的情况下，可以实行多方邀标或公开招标的办法，以取得合理的打捞价格。

**（二）出险船舶在未修理状况下的协议定损问题**

1. 发生的原因。（1）船舶受损轻微，不影响船舶的适航性，经船舶检验局许可后，被保险人为避免影响船期暂不修理船舶；（2）就近船厂条件限制，包括船厂规模较小、排队等候期过长、报价过高、航程安排等因素影响，船舶进行临时修理后，继续航行不做永久性修理；（3）保险人准备将船舶作为废钢船或二手船舶出售；（4）船舶受损情况严重，接近推定全损状况，但受损船舶恢复原状后，市场价值低于原保险价值；（5）保险人因为资金紧张，无法安排船舶修理。为避免修理延迟导致损失扩大，保险人应按照检验确定的损失范围、金额，与被保险人协议定损。

2. 注意事项。（1）保险人应根据查勘人员或公估师对船舶进行现场查勘记录的船舶受损的范围、损坏程度等，结合修船市场情况对船舶的修理费用进行评估。（2）避免被保险人对受损部位进行二次索赔。保险人与被保险人签订的"赔付协议书"中应清晰记录此次事故造成的船舶受损部位、受损程度等，同时应对船舶受损部位进行全面和局部的现场拍照，将照片附于"赔付协议书"后，以区别于保险期限内船舶发生其他事故导致的受损部位损失，避免被保险人就已赔付的项目进行二次索赔。（3）延迟修理应该不影响船舶的适航性，协议中应明确约定保险人对延迟修理造成的损失扩大不予赔付。

### （三）选择船舶修理厂方法

1. 被保险人有义务通过公开招标的形式，获得合理的报价。

2. 通过与保险人签订合作协议的修理船厂，获得合理的报价。

3. 理赔人员应与被保险人保持沟通，掌握船舶拟前往修理港口的修理能力状况、修理费用水平。

4. 要求被保险人提供多家船厂的报价作为参考，参考合作船厂的价格标准进行评估。

5. 基于保险公估师对修理报价给出初步审核意见，与被保险人商定船舶修理厂。

### （四）推定全损及委付

1. 推定全损。船舶发生保险事故后，认为实际全损已经不可避免，或者为避免发生实际全损所需支付的费用超过保险价值的，被视为推定全损。

理赔实务中，实际全损不可避免，主要是指被保险人丧失对保险标的的自由使用，不大可能在"合理时间内"重新获得该保险标的的情况。

实际全损所需支付的费用（包括恢复、修理、救助等费用）是否超过船舶保险价值，是判断船舶推定全损是否成立的标准。当被保险船舶因遭受承保风险而严重损坏后，被保险人估算救助或恢复该轮所支出的费用超过船舶保险价值，推定全损即可成立；反之，则不能成立。

2. 委付。保险事故造成保险标的的推定全损时，被保险人明确表示将该保险标的的全部权利和义务转让给保险人，从而请求保险人赔偿全部保险金额的法律行为。

被保险人提出委付，保险人可以接受委付，也可以不接受委付，但应当在合理的时间内将接受委付或者不接受委付的决定通知被保险人。保险人一旦接受了委付，就不得撤回。在享有对保险标的权利的同时，还承担了从保险事故发生时附在保险标的上的义务，如打捞沉船、清除油污等。

## 第六节　预付与部分赔付

预付赔款是保险公司在理赔过程中，为了满足被保险人恢复生产的资金需要，在保险责任初步确定后、最终赔款金额未确定之前，预付给被保险人一定金额的赔款。对预付赔款的操作，应当谨慎。

### 一、预付赔款的条件

一是根据已掌握的材料，明确判定保险责任成立；二是已有一个初步的估损金额，但短期内难以确定损失金额；三是被保险人书面提出预付赔款的要求。

### 二、预付赔款实务操作和要求

一是由被保险人填写预付赔款申请书，详细说明申请原因和申请预付金额；二是按公司管理权限规定报批，并附上被保险人预付赔款申请书及相关资料；三是在实务操作中，预付赔款金额一般控制在估损金额的 50% 以内；四是保险人最终确定赔偿数额后，在支付赔款时，应当扣减预付赔款，只支付其差额部分；五是通常要求在预付时与被保险人签订预付款协议。

### 三、预付注意事项

#### （一）船舶保险中的碰撞触碰责任等项目不进行预付

对于船舶保险中的对第三方的碰撞触碰等责任，处理预付时应特别谨慎。在被保险人实际支付对外赔偿责任之前，一般不能对这些责任赔款进行预付，因为根据保险法的有关规定，在被保险人未向受害人实际赔偿前，保险人不得将责任保险的赔款支付给被保险人；在被保险人怠于请求责任保险的保险赔款时，受害人可依法直接向保险人提出赔偿请求。如保险人提前将责任保险的赔款预付给被保险人，事后受害人依据《中华人民共和国保险法》第六十五条的规定直接向保险人索赔时，保险人可能存在重复支付赔款的风险。

因此实务中，对于船舶保险中的碰撞触碰责任等项目，一般都不进行预付，而是等被保险人对受害人的赔偿责任明确时（如签订和解协议、调解协议或经法院判决），根据被保险人的书面指示，直接把赔款支付给受害的第三方，这时不是做预付处理，而是进行部分赔付。

### （二）预付与实际赔付的前提条件是确定保险责任成立

在预付时，应收集所有必需的单证资料。除证明实际损失的资料外（这时往往实际损失还未明确），其他案件所需单证资料均需收集，如船舶相关证书、船员适任证书、航次情况证明、事故证明等，均需经过审核证明保险责任没有问题，方可进行预付。如在理赔过程中发现案件存在疑点、保险责任可能不成立的情况，则实践中一般不进行预付，而需进一步调查，待保险责任明确后再进行赔付或拒赔。

### （三）在业务系统可进行多次预付操作

前提条件是该案未进行过任何实际赔付操作（包括部分赔付）。一旦案件进入实际赔付，系统会自动将此前所有的预付赔款从实赔金额中扣除，而只将扣除了预付赔款的差额推送到收付费系统（如实赔理算金额小于此前的预付金额，则会被全部冲抵，实际支付金额为零）。而且，案件进行过实赔后（包括部分赔付，但不包括费用实赔），就不能进行预付操作了，只能进行实赔（包括部分赔付、全部赔付）。

## 四、部分赔付

部分赔付是保险船舶在承保期间发生保险事故致其发生损失，应被保险人申请，保险人在结案之前对保险责任范围内已明确的损失项目或损失金额进行先行赔付的行为。

根据《中华人民共和国保险法》第二十五条的规定："保险人自收到赔偿或者给付保险金的请求和有关证明、资料之日起六十日内，对其赔偿或者给付保险金的数额不能确定的，应当根据已有证明和资料可以确定的数额先予支付；保险人最终确定赔偿或者给付保险金的数额后，应当支付相应的差额。"由于船舶保险的承保损失类型较多，理赔周期较长，因此部分赔付的情况比较常见。

### （一）部分赔付情形

1.事故处理和理赔过程中,虽然全部损失项目并未完全明确,但是某个(或某些)损失项目的损失金额已经确定。

2.在某个（或某些）损失项目方面,保险双方对具体损失金额还存在争议时,保险人可在已认定的保守金额范围内先行赔付,待最终理算金额确定后再支付差额部分。

3.部分赔付与预付的区别,主要在于预付时,无法确定损失的具体项目和损失金额,因此无法进行理算（即无法将理算金额归于某一个损失项目）,只能以预付来处理;而在部分赔付时,已能确定部分损失金额归于某个（或某些）损失项目下,因此可以进行实赔的理算。

### （二）部分赔付的条件

1.根据已掌握的材料,明确判定保险责任成立。

2.经第三方机构检验或者自行查勘确认,实际损失部分确定。

3.被保险人提出书面索赔申请,要求对已确定的损失先行赔付。

### （三）实务操作和要求

1.无论对于赔款还是理赔费用,都可以进行多次部分赔付,但其前提是案件未结案。否则,一旦结案,就不能再进行任何赔款或费用的理算,除非按规定对案件进行"重开赔案"的操作。

2.第一次的部分赔付金额,应考虑以检验人出具的检验报告确定的损失或者自行查勘结果为依据,扣减免赔额先行赔付。由于每次事故只扣一个免赔额,故通常情况下,后续的赔付（包括部分赔付）就不再扣除免赔额了。

3.与预付不同,部分赔付不存在冲抵问题。也就是说,各次部分赔付的金额相互独立,后一次的部分赔付已经考虑了此前的部分赔付情况,本身计算的就是差额部分,因此无须扣除此前部分赔付的金额。

## 第七节　保险理算

保险理算是指保险人在受损标的损失核定完成后,根据保险条款有关赔偿规定计算赔款金额的工作过程。船舶险的赔款理算包括单独海损理算、共同海损理算、碰撞触碰责任理算。除此之外，理赔过程中产生的直接理赔费用，应在赔款之外单独理算。

## 第八节　资料收集

内河船舶保险既承保财产损失，也承保责任和费用损失，而且事故原因和损害范围也各不一样，各种不同的案件需要收集的资料也不尽相同。通常情况下，各类船舶险赔案均需收集保险证明单据、索赔文件、船舶适航证明、事故及原因证明、损失证明等资料，具体如下。

### 一、保险证明单据

一是保险单或保险协议正本、批单。二是投保单。

### 二、索赔文件

一是索赔函，包括保险及标的的基本情况、出险时间、地点、事故简要经过和造成的损失范围，还应包括索赔理由、金额和领款人账户信息。二是损失清单，一般作为索赔的附件资料，列举被保险人索赔金额的具体构成，如船舶修理费金额、碰撞责任金额、救助费用金额、共损分摊金额等。

### 三、船舶适航证明

一是船舶所有权证书。二是船舶检验证书簿。三是最低安全配员证书、职务船员适任证书。四是装载记录、载重线证书。五是船舶历史维修记录、相关设备的维护保养记录。

### 四、事故及原因证明

一是现场照片。二是船长海事申明、船员陈述笔录等。三是事故航次的航海日志、轮机日志、电台日志等记录。四是事故主管机关或第三方的调查结论。五是相关气象证明材料。

### 五、损失证明材料

一是船舶修理工程单、结算单、发票，救助合同、打捞合同及相关发票。二是碰撞触碰事故的调解书、协议书、判决书及相关支付证明、被保险人其他损失的支付证明。三是定损清单、赔付协议书、公估报告等。

### 六、特殊处理案件材料

一是在立案注销案件中，需要提供被保险人放弃索赔的书面声明或录音资料。二是在拒赔案件中，需要保险公司出具的拒赔通知书，表明拒赔理由和意见。三是在通融处理案件中，还需要提供相关部门的通融意见、理赔部门的审核意见等。

### 七、其他相关材料

一是保单涉及赔款接收第一受益人的，需要提供第一受益人的授权证明。二是符合公司《反洗钱工作办法》中要求的赔款支出，需要提供相应反洗钱证明资料。三是收款账号为外币离岸账号的，需要提供账号开户证明。

## 第九节　内河船舶的定损

### 一、修理费用定损

船舶因保险事故造成部分损失时，保险人以事故直接所致合理的修理费用为限核定船舶所遭受的实际损失。

#### （一）修理费定损项目

一是永久修理费用。二是临时修理费用。三是坞费、码头费等船厂服务费用。四是迟修理而增加的修理费用。五是加班费。六是船东工程。船东工程指不是由保险事故导致，而是船东在修理过程中主动提出的增加工程项目。船舶此前曾遭受非保险事故导致的损坏、船舶易耗件的正常更换、某些机器设备需要升级换代等，都可能导致船东工程的产生。因此，在核定船舶修理费时，应仔细对照事故后的船舶检验报告和船舶修理清单，严格区分保险事故导致的海损修理项目和船东工程项目，将修理清单中超出检验报告所涉范围的修理项目予以剔除。对于船东自行购置的机器设备或其他配件，同样应对照船舶检验报告进行核定，将其中与事故无关的项目剔除后，再对海损修理所需的机器设备或其他配件合理定损。

### （二）修理费定损的方式

按照定损时间，将修理费定损分为修理前定损和修理后定损。

1.修理前定损。指在船舶修理前，保险人在完成船舶损害检验的基础上，会同被保险人与修船厂共同确定修理项目和价格，并以此作为修船合同的最终金额。这种定损方式的优点是能事先确定总体修理费用，定损金额对于船厂也有约束力，从而能有效减少保险人与被保险人之间的矛盾。只要条件允许，应尽可能采用修理前定损的方式。

2.修理后定损。在某些特殊情况下，只能采取修理后定损的方式：（1）船舶损害部位广泛复杂，修理前无法完成所有损害的检验；（2）船东延迟报案等，导致受损船舶在未经检验的情况下就进行了修理，则在修理费定损时，只能审核已经产生的修理项目和费用，结合事故情况和修理费用标准予以定损。由于这种修理后定损将直接和被保险人产生矛盾，应尽量避免此种情况的产生。

### （三）内河船舶修理的招标原则

船舶因保险事故受损后修理工程较大、费用较高，应进行修理招标，根据各修船厂的投标情况，选出最有利的修船厂，有效控制修理费用。具体原则：一是考虑船舶出险地点与修船厂的距离；二是考虑修船厂的技术力量；三是考虑修理工期；四是考虑修理价格；五是强调被保险人对受损船舶的修理进行招标，要精打细算，寻求最有利的报价，否则，保险人有权从赔款中扣除由于被保险人未精打细算而增加的修理费用。

## 二、碰撞触碰责任定损

### （一）船舶碰撞及触碰的定义

船舶与其他船舶发生接触造成损害为碰撞。船舶碰撞的构成要件包括碰撞双方为船舶，船舶间要有实质性的接触，发生水域指在海上或与海相通的可航水域，要有损害的结果。

船舶与船舶以外的物体发生接触造成损害为触碰。触碰是指船舶与船舶本身以外的任何固定或浮动物体发生的接触造成损害的事故。船舶触碰的构成要件包括有实质性接触，被触碰一方必须是船舶以外的固定或浮动物体，水域无特殊要求，要有损害的结果。

### （二）船舶碰撞种类

1.无过失碰撞。所谓无过失碰撞指事故双方对碰撞的发生都没有过失，主要包括两种情况。（1）不可抗力导致的碰撞。不可抗力是指不能预见、不能避免、不能克服的事件，如台风、海啸等重大自然灾害导致正常锚泊的船舶产生漂移和碰撞。（2）不明原因导致的碰撞。这类碰撞极为少见，关键在于不明原因极难举证。在无过失碰撞的情况下，各方船舶相互不负碰撞责任，而只对自己的损失负责。

2.过失碰撞。由于一方或双方过失行为（包括作为和不作为）导致的船舶碰撞称为过失碰撞，主要包括两种情况。（1）单方过失。航行船舶碰撞锚泊或靠泊船， 一般情况下，航行船舶负单方过失。少数情况下，锚泊船舶未按规定悬挂号灯等规范操作，也可能在碰撞事故中存在过失。（2）双方或双方以上互有过失。双方或多方都是在航船舶发生的碰撞，通常情况下会是双方或多方互有过失。根据碰撞发生前的态势或状况，各方承担的责任比例不尽相同，常见的责任比例分配情况包括两艘在航船舶在能见度不良状况下发生碰撞，两船负对等责任（即各负50%责任）；两艘在航船舶在追越态势下发生碰撞，追越船负主要责任；两艘在航船舶在交叉相遇态势下发生碰撞，有他船在本船右舷的船舶作为让路船负主要责任。上述责任比例只是根据碰撞危险形成时船舶相互之间态势所做出初步的责任判断，船舶后续的避碰行为是否适当将影响最终的责任分配。在过失碰撞的情况下，各方船舶要根据其在碰撞事故中的责任比例，对其他方的损失负责赔偿。

碰撞责任方需要赔偿的范围：（1）费用损失，如救助费用、共同海损分摊等；（2）船舶和船上财产损失，指船舶及属具、货物及其他物体的损坏和灭失等；（3）可合理预见的间接损失，如受损船舶的船期损失等；（4）其他损失，如人员伤亡赔偿、油污责任赔偿、清除残骸费用赔偿等。

### （三）船舶碰撞触碰责任定损

1.直接损失范围。船舶保险特别是船壳保险所承保的碰撞触碰责任，主要是指碰撞触碰导致对方所遭受的直接损失。无论是被碰撞船舶还是其他固定或浮动物体，直接损失通常包括修复费或重置费用。在被碰撞船舶或其他物体存在修复价值的情况下，其直接损失的范围有以下三种：（1）合理的修理或修复费用，包括完成修理和修复所必需的拖航、运输等费用。需注意修理或修复费用以恢复原状为原则，如果被碰物体在修复时对结构或性能改良而增加了费用，则在定损时要进行合理的扣减。（2）必要的损害检验检测、设计费用，包括船舶损害检验费、码头检测费、其他设施的检测费用、修复方案设计费等。（3）合理的施救救助费用，包括被碰撞船舶的救助费、共损分摊、对被碰撞物体采取紧急抢救措施所支出的费用等。在核定被碰撞物体的施救救助费用时，需注意所采取的施救救助措施必须是为了减少被碰撞物体的直接损失，出于其他目的采取的施救措施，其费用不能作为碰撞触碰责任予以赔偿。例如码头被触碰受损后，为了及时卸煤保证发电的需要，对船上所载货煤进行货车转运，因此产生的额外费用不属于船舶触碰责任的范围。

2.间接损失范围。按照《最高人民法院关于审理船舶碰撞和触碰案件财产损害赔偿的规定》，在碰撞责任的船期损失核定中，应考虑以下两个因素：（1）确定合理的赔偿期限。船舶部分损害的修船期限，以实际修复所需的合理期间为限，其中包括联系、住坞、验船等所需的合理时间；渔业船舶，按上述期限扣除休渔期为限，或者以一个鱼汛期为限；推定全损和实际全损的情况下，以找到替代船所需的合理期间为限，但最长不得超过两个月。（2）确定合理的营业损失。船期损失，一般以船舶碰撞前后各两个航次的平均净盈利计算；无前后各两个航次可参照的，以其他相应航次的平均净盈利计算。渔船鱼汛损失，以该渔船前三年的同期鱼汛平均净收益计算，或者以本年内同期同类渔船的平均净收益计算。计算鱼汛损失时，应当考虑到碰撞渔船在对船捕鱼作业或者围网灯光捕鱼作业中的作用等。

### （四）实务处理中的问题

1.碰撞对方船舶的检验。发生碰撞事故后，保险人不仅要对保险船舶进行检验，对于碰撞对方船舶（多船碰撞事故中包括本船以外的其他各船）的损害情况也要进行全面的检验，因为对方船舶的损害情况直接关系到船舶保险中碰撞责任的定损金额。为了避免产生事后争议,通常实践中都由我方检验人和对方船舶检验人一起对受损船舶进行联合检验。在联合检验过程中,双方检验人对船舶的损害范围、修理地点、估计修理费用等情况共同确认,在此基础上出具的检验报告,将作为碰撞责任定损的重要依据。

对方船舶提出索赔后,我方检验人将根据事故发生后的检验报告,就对方的索赔项目和金额进行审核,确定对方船舶合理的损失金额。船舶保险人和被保险人以检验人的意见为依据,与对方船舶进行协商或诉讼,最终通过和解协议或法律判决书、调解书确定对方船舶的损失金额,从而完成船舶保险下碰撞责任的定损。

2. 船舶碰撞触碰责任担保。船舶发生碰撞触碰事故后,通常都需要保险人提供碰撞触碰责任担保,以避免保险船舶被扣押。在确定担保的金额时,要以检验人的初步检验报告为基础,计算对方的损失金额并加上适当的利息和费用,再与对方协商确定。在互有过失碰撞的情况下,我方也应要求对方提供充分可靠的担保,因此一般是双方交换担保。如碰撞造成对方船、货均有损失,还有可能需要向对方船东、货主分别提供担保。

3. 触碰码头或港口设施的处理。船舶发生触碰事故,最常见的是触碰码头或岸吊、门机、卸煤机等港口设施。在这类事故中,要及时聘请有关专家对受损的特殊设施进行检验检测,并由我方专家制定合理的修复方案。

4. 碰撞触碰责任的控制。船舶的碰撞触碰责任直接关系到案件的定损和赔偿金额,因此在案件处理过程中,案件处理人应对被保险人碰撞触碰责任的协商、诉讼、调解等过程进行适当的控制。

### 三、救助费用定损

#### (一)救助及救助费用
救助是指船舶及其他财产(船、货及其相关的运费)遇险后无法摆脱困境,由外来力量帮助解除危险的行为。

根据收费方式不同,救助合同一般分为一揽子救助合同、雇佣救助合同和"无效果无报酬"救助合同。

#### (二)救助报酬或费用
1. 一揽子救助合同。此类救助合同明确规定了救助费用的总金额,因此救助费用的确定最简单，只要救助人按照合同约定完成了救助作业，就应按合同规定的金额支付救助费用。

2. 雇佣救助合同。救助费用以雇佣合同为依据，无论救助成功与否，救助费用根据救助人消耗的人力和设备使用情况及约定的费用标准计算。此类救助已明确约定各项费用的计算标准，因此，只要双方对救助人的人力和设备实际使用情况没有异议，总体救助费用的计算也是很容易的。在实践中，保险人应派人或委托代理人对救助过程进行全程监督和记录，并根据监督记录审核救助人提出的费用账单。一般都能通过协商就最终救助费用达成一致意见。

3. "无效果无报酬"救助合同。此类合同确定救助费用最为困难，因为合同并没有约定救助费用金额和量化的计算标准，相关公约和法律也只规定了一些基本的原则，如"无效果无报酬原则"，即救助报酬不能超过获救财产价值的原则。

## 第十节　核赔与结案

### 一、核赔环节

核赔是在赔款计算书（包括费用计算书）提交后，对赔案进行全面审核，以确定是否支付相应赔款或费用的理赔过程。核赔是保险理赔的最终环节，因此，具有最后一道关口的重要意义，需对保险责任、案件处理过程、定损金额、赔款（或费用）理算等进行全面的审核，经过审核认为保险责任明确、定损金额合理、理算正确的情况下，才可核赔通过。对于核赔通过的计算书，理赔业务系统会将有关信息推送到财务收付费系统，由财务部门实际支付相关赔款或费用。

#### （一）保险责任审核

船舶险案件核赔人员的首要任务是定责，通过认真审核保险单、船舶证书、现场查勘记录、检验报告等所有案卷单证，严格对照保险合同约定的保险责任进行核查，确定保险责任是否成立。

1. 承保环节审核。船舶险案件核赔的基础工作是通过对保险合同和附件的审核，确定船舶承保的保险条件，具体内容如下。（1）适用的保险条款。保单约定是适用远洋船舶保险条款、沿海内河船舶保险条款，还是适用船舶建造险条款或其他条款。审核适用条款要注意保险合同上的措辞是否明确。（2）承保险别。不管沿海船舶险还是内河船舶险，都包括全损险和一切险，可选择不同的附加险。核赔人员应确定保险合同约定的险别和相应的保险责任范围，审核本次保险事故损失是否属于保险单承保险别项下的责任。（3）被保险人。船舶险的被保险人可以是船舶所有人、船舶管理人、船舶光租人或其他利益方。核赔人员应通过比对确定保单上的被保险人是否具备保险利益，索赔人是否具备索赔权利。（4）保险标的。审核此项确定保险标的与事故船舶是否一致。（5）航行范围/航行区域。船舶航行范围是指保险合同约定的承保航行范围，审核目的是确定保单约定的航行范围是否明确，事故地点是否处于保险合同约定的航行范围之内。（6）保险期限。船舶保险期限一般为一年，也可以由保险双方约定期限。审核此项目的是确定保险责任起讫时间，确定保险事故发生时间是否处于保险期限之内。（7）船籍港、船型、总吨、船舶用途、制造年份、制造厂家等情况。审核此项是为了确定被保险船舶的各项特征是否与投保单告知项目一致，如果不一致，是否已出具批单批改。（8）船舶保险价值和保险金额。船舶保险的保险价值一般在承保时约定并在保险单上注明。如果保险单没有约定保险价值，则需要查明保险责任开始时的船舶实际价值，用以确定船舶是否足额投保。（9）免赔额或免赔率。船舶保险一般都约定免赔额，审核此项作为计算赔款的扣减依据。（10）特别约定。审核保险单上标准条款以外有无增加特别约定。很多特别约定对于理赔具有十分重要的意义和作用，必须在核赔时审查清楚。

2. 出险原因审核。（1）掌握事故发生时船舶所在航区的气象、水文情况，用以判断是否构成保险责任。（2）对查勘检验报告、海事管理部门出具证明材料所列的出险原因均须认真研究，判断被保险人或其代表是否存在疏忽过失、故意行为或违法犯罪行为。（3）对于保险责任存在争议，事故原因有多个，应根据近因原则，查明导致事故的最直接的原因是否属于保险责任。

3. 除外责任审核。（1）法定检验证书，确定船舶证书是否在有效期内。（2）核查船员名单和船员适任证书，确定事故船舶是否按照要求配足船员。

所有职务船员、当班船员是否持有有效适任证书，是否担任与证书规定相符的职务。（3）查明船舶是否有到期未予以消除的遗留项目，遗留项目是否与本次事故相关。（4）核查船舶配载图等有关材料，查明船舶配载是否符合规定，有无装载违禁货物。通过船员调查，查阅被保险人与船长之间的往来电报，以便确定被保险人对开航前的有关情况是否知晓。（5）核查船舶是否超越保险单和船舶证书规定的航区。（6）审核是否存在构成保险单除外责任的情形，是否存在违反其他保险条款的情形。

### （二）措施合理性审核

需要确定被保险人对事故处理是否存在不妥当之处，是否存在过失而造成损失扩大的情形。

1.初期措施的合理性。（1）被保险人是否按照保险条款规定通知保险人。（2）船舶发生保险事故后，被保险人应及时采取措施减少损失，并防止损失进一步扩大。否则，对由于未采取合理措施而扩大的损失，保险人有权拒绝赔偿。

2.救助、打捞措施的合理性。（1）救助措施是否及时妥当，救助协议签订是否合理。（2）如果涉及沉船打捞、打捞协议签订过程情况，打捞协议的内容是否合理，打捞过程和结果如何。核赔人员应对打捞单位的选择、打捞方案的确定、打捞费用的谈判确定、打捞的过程和结果等情况进行审核后，对保险责任和费用的合理性做出判断。

3.修理选择的合理性。（1）船舶修理地点和修船厂的选择是否合理。（2）修理是否仅限于船舶损坏范围。（3）修理报价是否事先得到保险人确认。（4）较大修理工程是否采取了招标方式选择修理厂家。（5）是否存在临时修理和延迟修理的情形。

4.其他处理的合理性。如果涉及第三方责任，被保险人是否及时保全证据，是否向责任方发出索赔通知，是否取得责任方的有效担保。

### （三）保险损失审核

保险损失审核，指在保险责任成立的前提下，审核被保险人的索赔金额，核定其中属于保险责任范围的合理部分，作为最终核定赔款的依据。保险损失审核包括施救费用审核、修理费用审核、救助费用审核、碰撞触碰赔偿责任审核和其他损失审核。

### （四）理赔费用审核

1.公估费、检验费。对于船舶险公估费和检验费，应按照《保险公估机构管理规定》及其最新实施细则的规定，首先根据案件处理经过，核定公估人提供的工作时间表是否合理，再审核公估收费标准是否符合实施细则的规定，最后逐项计算不同难度系数工作项目的收费金额小计，汇总得出最终的公估费用。

2.律师费、诉讼费、仲裁费。法律费用中的诉讼费、仲裁费比较容易确定，一般都按法院判决、裁定或仲裁裁决确定的金额支付。在诉讼或仲裁涉及保险人与被保险人的共同利益时，还应按照各自利益的比例计算赔偿。

### （五）赔款理算审核

在各项损失和理赔费用都核定以后，就需要根据赔款计算公式计算赔款。核赔人员应重点注意：

1.审核赔款计算公式是否正确，理算金额是否准确无误。特别对于船舶部分损失，应注意远洋船舶险与沿海内河船舶险在赔款计算方式上的差别。

2.理算币种是否符合要求。通常赔款的币种应与保单承保币种一致，如其中某些已产生费用（如修理费）与承保币种不一致的，一般要换算成保单承保币种。换算的汇率通常按照理算时的市场汇率计算或者按照保险双方约定的汇率计算。

3.保单是否涉及联共保。如属联共保保单，通常情况下除主共保方或主联保方按约定全额代付赔款外，应在赔款计算书后应标明本单实际承担的份额和金额。

### （六）核赔报告审核

在责任、损失、赔款金额都已核定的情况下，应对案件处理情况汇总，形成核赔报告。报告应分承保情况、事故情况、处理经过、责任认定、损失核定、赔款计算等几个部分分别叙述。

1.承保情况。应清楚表述船舶名称、承保险种（包括主险和附加险）、保险价值、保险金额、保险期限、被保险人、免赔额、我公司承保份额以及与事故有关的特别约定。

2.事故情况。应根据已经调查证实的事实，明确事故发生的时间和地点、船舶当时正在执行的航次、货物装载状态、在船船员数量以及事故发生的简要经过、造成的损失情况等。

3. 处理经过。应描述与保险理赔有关的船舶救助经过、施救过程及效果、救助费用确定经过与方式、船舶损害检验结果、碰撞事故交换担保的过程、碰撞责任确定的经过与方式、船舶修理周期、修理费用的确定情况、共同海损宣布及理算经过等。

4. 责任认定。应明确根据保险人查勘报告、官方海事调查报告或公估调查报告，确定事故发生的原因，并阐述本次事故符合保险条款中哪一条所规定的责任范围。

5. 损失核定。应将损失分为船舶本身损失、施救救助费用、碰撞触碰责任、附加险项下损失等类别，明确各项损失分别根据检验报告、救助合同、打捞合同、船舶修理工程单、碰撞双方达成的和解协议、调解书或法院判决、仲裁裁决书等，核定各自的损失金额。其中有些项目，如船舶修理费、救助费用、打捞费等，还需有实际支付的发票或收据支持。

6. 赔款计算。明确表述各项损失的计算公式，并将已核定的损失金额代入公式计算各项损失的金额，最后汇总计算本保险项下应赔偿的总赔款金额。

### （七）领款人信息审核

通常情况下，保险赔款的领款人就是保单约定的被保险人，核赔时应核对被保险人和领款人的名称、账号的一致性。

## 二、结案环节

### （一）结案

一个赔案项下的所有赔款计算书和费用计算书都核赔通过后，理赔人员就可以对该赔案进行结案操作。理赔业务系统中的核赔通过后，赔付信息会直接传送到收付费系统，由财务人员进行收付费操作，支付赔款。

### （二）重开赔案

在赔案结案之后，如果案件发生新的情况需要再次支付赔款或费用或因其他客观原因需对理算信息进行修改，可以通过申请重开赔案对赔案进行继续处理。重开赔案的理由包括案后费用、法院判决、理算错误、重新索赔、损余回收和赔款摊回等情况。重开赔案应按照监管部门和保险人有关风险数据管理的要求，由被授权人员在理赔集中平台统一操作。

### （三）简易赔案

1.认定标准。发生船舶险保险事故索赔时，对符合简易赔案认定标准的赔案，采取简易快赔的方式，减少减轻案件单证提供要求，加快优化内部流程效率，实现客户界面友好、客户体验提升。

2.赔款金额。根据保险事故的赔款金额，对 VIP 客户可在 ×× 万元以内采取简易赔案快处，对普通客户可在 ×× 万元以内采取简易赔案快处。

3.单证要求。适用简易赔案快处的案件，尽量缩减理赔单证，淡化单证格式要求，无特殊情况的，收集的理赔单证应限于通用必要索赔单证。通用必要索赔单证包括出险通知书（兼索赔函）、损失清单、现场照片、定损清单、赔付协议书和理赔报告等。

4.流转时效要求。简易赔案的时效要求快于一般案件，被保险人提交材料齐全，赔付金额双方达成一致后，应在 5 个工作日内核赔通过并提交支付。

5.校验及复查。简易赔案设立赔案校验及复查机制，对适用简易赔案快赔的案件，制定明确的案后复查机制，规定人工复查时间及复查方式，对存在问题的案件进行反馈。

# 第十一节　追偿

船舶保险追偿是指保险船舶发生保险事故造成损失，保险人在理赔过程中及保险赔付后，依据法律赋予的代位求偿权，向责任人进行追索的行为。

对于可追偿的船舶保险赔案处理，原则上要求在对被保险人赔偿之前就进行追偿，然后扣除追偿所得后进行保险赔偿。如果在保险赔偿后，保险人进行代位追偿的，应在保险赔付之前做好追偿的准备，取得追偿可能需要的充分证据。

## 一、船舶保险追偿种类

从追偿的种类来看，主要包括向碰撞方的追偿、向货方的追偿和向其他方的追偿。

### （一）向碰撞方的追偿

在双方互有过失的碰撞和单方完全过失的碰撞中，保险人往往要求被保险人先行向责任方追偿，保险船舶与碰撞船舶双方根据过失程度、损失金额计算各自应该承担的碰撞责任，并在理赔过程中直接扣除保险船舶向第三方的追偿金额进行赔付。但是，由于船舶保险诉讼期间较长，如果被保险人要求保险人先行赔付，保险人可以进行预付或者部分赔付，然后根据责任比例向碰撞船舶进行代位追偿。

### （二）向货方的追偿

在水上保险中，一提到追偿，我们往往想到的是货物保险人在赔付货损之后向船方进行的追偿，对于船舶保险人向货方的追偿却很少涉及。由于货方责任导致的船舶损失，船舶也可以向货方提起索赔。

### （三）向其他方的追偿

除上述两种追偿外，船舶在发生保险事故后，保险人应仔细分析事故原因，判断是否存在港口、租船人、救助人、修船人、拖带方、装卸公司等各方面的责任。对于第三方责任成立的，船舶保险人在赔付之后，应向有关责任方进行追偿。比如在期租状态下，船舶按照租船人的指示进入不安全港造成船舶损坏，租船人需对船舶所有人承担赔偿责任。

## 二、追偿准备

### （一）追偿可行性分析

在船舶保险事故发生后，经过初步调查，如果发现涉及第三者责任因素，保险人应尽快收集资料确定责任方并判断第三方责任的大小。比如在船舶碰撞案件中，初步收集的资料包括海事报告、船员证词、航海日志、轮机日志、车钟日志、雷达日志、AIS 记录、海图、VDR 记录等。为保证追偿的效果，避免法院判决无法得到执行的情况发生，保险人还应积极调查责任方的资信情况，确定其是否具备偿付能力、是否参加船舶保险或保赔保险，判断追偿的可行性。

### （二）理赔过程中采取的措施

在初步收集相关证据，确定责任方和追偿工作的可行性之后，理赔人员还要积极采取措施，以保证追偿工作的顺利开展。

1. 查勘定损。在涉及第三方责任的保险事故中，为避免在后续追偿过程中责任方对保险公司定损人员的资质提出疑问，查勘定损工作最好委托具有资质的公估公司或者法院司法鉴定中心名录上的检验人进行。

在碰撞事故中，为避免碰撞双方对损坏范围存在大的争议，一般各自委托检验人完成共同检验。但对于第三方的检验人，须向我方船员交代清楚其工作范围仅限于确定船舶的损坏范围。除此以外，未经我方律师许可，不得向其披露任何与案件相关的信息或者资料。

船员调查通常委托海事律师和具有专业背景的人员共同进行，避免在船员证词的形式或者内容上出现大的瑕疵。

2. 聘请海事律师。能否聘请合适的律师决定了追偿的效果，因此聘请律师是追偿工作中的一个重要环节。在律师的选择上，首先应分析我方与责任方之间的法律关系，根据律师事务所的业务特点和专业优势，选择相应的律师事务所开展追偿工作。

3. 索要担保。理赔人员应书面通知被保险人，要求对事故损失负有责任的第三者提供可靠的担保。如果第三者拒不提供担保，应要求被保险人向法院提出申请，采取诉讼保全措施索取担保。一般通过法院采取诉讼保全措施索要担保有两种方式：一是扣船。在海事追偿，特别是碰撞事故中，扣船是采取诉讼保全措施索取担保的最简单易行的方式。二是冻结第三者的其他财产，如冻结其保险赔款。这种方式是在无法扣船的情况下，不得不采取的方式，因为这种方式操作起来比较复杂，特别是第三者资产、资金情况难以调查清楚，公司注册和经营场所又是异地的情况下，操作起来更加困难，甚至毫无效果。

4. 保险人主动参与。保险人要主动参与海事案件的处理，不得随意将海事案件完全交给被保险人。因为海事案件涉及的金额较大，案情复杂，如果保险人不介入的话，在事后的保险赔付审核中容易产生分歧，造成保险人和被保险人之间的矛盾。对需要通过诉讼解决的案件，应通知被保险人先提出诉讼请求。对于不积极追偿的被保险人，要对其说明向第三方先行追偿是保险合同项下被保险人的义务，对说明后仍不履行其义务导致无法追偿的，保险人有权依法根据情况从赔款中扣除应追回的金额。被保险人为追偿而支付的合理费用，如诉讼费、律师费等，应由保险人负责。

5. 被保险人积极协助。在保险人进行代位追偿时，被保险人对追偿工作的积极协助配合，既是保险合同的要求，也是法律规定的义务。

中国人保《内河船舶保险条款（2009版）》第二十三条规定："保险船舶发生保险责任范围内的损失应由第三者负责赔偿的，被保险人应向第三者索赔。如果第三者不予支付，被保险人应采取必要措施保护诉讼时效；保险人根据被保险人提出的书面赔偿请求，按照保险合同予以赔偿，同时被保险人必须依法将向第三者追偿的权利转让给保险人，并协助保险人向第三者追偿。由于被保险人的过失造成保险人代位求偿权益受到损害，保险人可相应扣减赔款。"在《沿海内河船舶保险条款》第十三条中，也做出了上述规定。

《中华人民共和国保险法》第四十八条规定："在保险人向第三者行使代位请求赔偿权利时，被保险人应当向保险人提供必要的文件和其所知道的有关情况。"

被保险人配合保险人向第三者追偿的工作，主要有五个方面：（1）向保险人移交或按保险人的要求提供各种与追偿相关的证明与文件；（2）按保险人的要求起诉责任方或对有关责任方采取财产保全、证据保全措施；（3）告诫船上人员不得随意向其他方提供与事故相关的文件；（4）为保险人提供调查与取证的方便；（5）协助保险人对事故原因、事故责任比例等情况进行分析。

6. 适时采取法律行动。船舶保险追偿属民事行为，通常应尽量通过协商解决。如果通过协商无法取得效果的话，应采取法律行动来维护我方的利益。主要的法律行动有诉前或诉讼中财产保全（扣船）、证据保全、起诉等。

### （三）追偿时效的保护

根据追偿类型的不同，法律规定的追偿时效也不尽相同。

1. 不同时效的法律规定。

2. 保险代位追偿的时效起算点。传统的保险代位求偿权是指保险人代被保险人之位享有其权利和义务，包括时效利益，也就是保险人代位之后的时效起算点是从被保险人知道或者应当知道其利益受到侵害之日起。根据保险法司法解释二，保险代位求偿权的起始点发生了重大的变化，保险代位追偿的时效起算点是自保险人赔付被保险人时起算，而不是从被保险人知道或者应当知道其利益受到侵害之日起。

3. 时效的中止和中断。

4. 时效丧失的后果。在保险赔付之前，如果被保险人没有按照保险人的指示采取相应的措施保护时效造成时效丧失，保险人有权在赔款中扣减相应款项。

# 第八章　船舶及货运案例分析

通过多年积累和走访，从保险公司、船务公司、保险公估公司或律师事务所等收集了大量保险理赔案件。经过梳理分析，在本章分享其中部分较典型案例。从船舶碰撞事故、搁浅事故、火灾事故、沉没事故、货损货差等方面，多维度反映内河运输确实属于高风险行业，各类航运事故频发，事故涉及面广，处理难度大。希望通过上述典型案例，提醒船东加强风险防范意识，不断吸取经验教训，促进内河航运平安。

内河航运是一个高风险行业，珠江水系西江流域尤其武宣勒马航道素有"魔鬼航道"之称。每年船舶遇险事故频发，该航道经常使过往的船舶出险的主要原因是航道狭窄，水流湍急，河中礁石密布，一旦发生搁浅事故，船体损失及施救费用较高。除此之外，航区内各级海事部门在行政执法中，通常发现了船东在航行过程中存在一些违反《中华人民共和国内河交通安全管理条例》的行为，例如未按规定配员航行、未按规定的航路和航行规则航行、未按规定显示号灯或鸣放声号、超载运输货物、未按规定标明或遮挡船名（包括载重线）、不遵守船舶（设施）的配载和系固安全技术规范等，这些违章行为大大增加了船舶航行安全风险。

本书从大量案件中筛选出如下典型案例，有的船舶发生触礁、有的船舶触碰桥梁、有的船舶发生火灾、有的船舶遭遇台风沉没、有的船舶与岸边建筑物发生碰撞，涉及与船舶航运相关的货物运输保险、船舶保赔保险、承运人责任保险和船舶保险等。珠江水系每年都受到台风的影响，而"台风是发生在热带大洋上的一种具有暖中心结构的强气旋性涡旋，其总是伴有狂风暴雨，常给其所影响的地区带来强烈的气象过程"。据2019年我国保险年鉴记载，台风造成的损失相当大，如近几年的"天鸽""山竹"，保险损失均超过30亿元。以上台风损失只是列举了一些，整个2018年，据年鉴记载，中国人保财险广东全省巨灾指数保险项目触发赔案20宗，赔款共计3.03亿元。此外，多家财险公司为遭受"艾云尼""山竹""天鸽"等台风影响的客户做出赔付，太平洋产险赔付2.00亿元，平安产险赔付1.36亿元，中华财险赔付1.36亿元。广西境内的西江流域正处于台风影响区域，每年的台风对航运的影响非常大。通过典型案例的理赔和分析，从中掌握一些规律性的东西，以资共同借鉴，共同加强风险防患。

在珠江水系中，大大小小的桥梁不计其数。这些桥梁为人们出行提供便利的同时，也给过往的船舶带来一定的交通风险。其中广东水域航道上的桥梁累计1027座，广西西江流域现有的桥梁共357座。沿岸分布大量水产养殖及设施、捕捞设施、水下设施、电缆、桥或在建桥梁及其相关设施，过往内河船舶一旦驾驶不慎，极可能发生触碰事故。

## 第一节　"4·16"船舶触礁沉没案例

从桂平海事部门获悉，2020年4月16日，一艘装载1900t碎石的船舶自武宣运往广东东莞途中，航经桂平黔江铜鼓滩时发生触礁事故，造成船底穿孔进水，后驶至左岸抢滩时沉没。

事故原因：一是事故船舶驾驶员未加强瞭望，对铜鼓滩航道不熟悉，未能做到谨慎驾驶，未驾驶在正确航线上，所驾驶的船舶偏离安全航线。船舶驶入铜鼓滩后，驾驶员未能正确观察和判断上罗窑礁石位置，船舶沿上罗窑白标旁边通过时，在驶过白标后操左舵，直接把船驶向上罗窑礁石，造成触礁事故。二是船舶经营人对船员的聘任把关不严格，聘请不熟悉所经航道的船员担任船长。三是桂平铜鼓滩航道弯曲狭窄，礁石密布，水位变化较快，水流湍急，流态复杂多变，把握不准或采取措施不当，极易发生触礁等事故。

铜鼓滩位于桂平黔江大桥与桂平三江口之间，它是从上游的武宣县下航至桂平市的最后一个险滩，此航段的航道呈弯弓形，明、暗礁非常多且水流湍急，滩长 6000 多 m，滩宽 1200 多 m，船舶从上至下须经过担杆石、灯笼石、上罗窑石、下罗窑石、棋盘石。上游的大藤峡船闸不定期泄洪，导致水流更加湍急，下航船舶则需加大车控制好航向并迅速通过，稍有不慎走错航道就会发生触碰礁石，船体破裂进水后迅速沉没。据《明一统志》记载，铜鼓滩"在浔江中。滩有五，日碧滩、弩滩、思傍滩、斫石滩，并铜鼓为五，水石险隘，有声如鼓"。

事故船舶总吨位 994t，净吨位 556t，总长度 56.72m，型宽 12.5m，型深 4.3m。船舶建造年份 2013 年，船龄 7 年，柳州籍船舶，航行区域为 A 级航区。

事故发生前，船东已向某保险公司投保了船舶一切险，保险金额 198 万元，同时附加投保 1/4 附加险、螺旋桨等单独损失险。

事故造成损失的估损金额：

1. 沉船打捞费 40 万元；

2. 沉船拖船费 1 万元；

3. 驳船费 2 万元；

4. 驳船拖离费 0.5 万元；

5. 货物损失 50 万元；

6. 船舶修复费 25 万元。

由于本次事故是一起单方面责任的事故，无任何证据表明船东、船长以及船员有任何的故意行为，按照船舶保险条款规定，在保险期内由于"搁浅、触礁、碰撞及触碰"造成被保险船舶"倾覆、沉没"，保险人须承担保险赔付责任。

## 第二节 "3·12"船舶触碰西江大桥案例

从梧州海事部门获悉，2018 年 3 月 12 日，一艘由广东高栏上航广西贵港的 A 轮，航经至梧州西江大桥附近水域时遇险失控，导致船中吃水线部位横压在该桥上航通航孔右侧桥墩承台。险情发生后，梧州市有关部门迅速处置，施救 7 小时后，遇险 A 轮最终安全脱离事发水域，西江干线随之恢复双向通航。

梧州海事部门通报：3 月 12 日，A 轮装载煤炭 2800t，A 轮上共有船员 7 人。A 轮于 3 月 12 日约 5：00，航行至西江大桥附近水域时，发生触礁及螺旋桨受损，造成船舶动力不足失去有效控制，导致 A 轮船中吃水线部位横压在该桥上航通航孔右侧桥墩承台的险情，所幸该事故并未造成人员伤亡。

经查阅船舶登记簿，A 轮的所有人是广西某航运有限公司，船舶属散货船，总吨位 1590t，载重吨 3262t，总长度 71.62m，型宽 13.7m，型深 4.95m，船龄 3 年，船质结构为钢质，来宾籍船舶，航行区域为 A 级航区。

船舶所有人在 A 轮出险前向广西某保险公司投保，投保情况：保险金额 318 万元，投保险别为沿海内河船舶保险一切险，同时附加投保 1/4 附加险、螺旋桨等单独损失险。投保时，与保险人约定：本保单航行区域不包括红水河 15 滩及上游航段；在黔江航段（象州石龙大桥至桂平黔江大桥）区域内出险时，绝对免赔人民币 200 元或损失金额的 10%，二者以高者为准；在黔江航段（象州石龙大桥至桂平黔江大桥）区域以外出险，绝对免赔人民币 500 元或损失金额的 20%，二者以高者为准。

损失项目：船舶损失、船舶施救费与所载煤炭过驳费、桥梁检测费及船舶可能损失的费用等。

根据约定的船舶保险条款第一条第三款和第四款、第二条第一款之规定，对于因搁浅、触礁造成的船体、施救费时，可以向保险人索赔。同时，船舶保险条款第三条第五款中规定，"清理航道、污染和防止或清除污染、水产养殖及设施、捕捞设施、水下设施、桥梁的损失和费用"是该条款的除外责任。如果需要保障这部分的风险，则须另行购买触碰桥梁及附属设施、水产养殖及设施、捕捞设施、水下设施责任险。

目前，该事故显然仍未结案，具体如何处理，要以保险公司理赔部门最终的理算报告为准。但是，可以预见的是，因为"3·12"事故 A 轮未购买触碰桥梁保险，因此对桥梁可能造成的损失与桥梁检测费不会得到赔偿。但是，船舶所有人已购买船舶保险，因此可以向保险公司提出索赔，可能得到的赔偿范围包括船舶损失、船舶施救及所运煤炭的过驳费。

此案件提醒我们，内河船舶通过桥梁区域时，务必高度关注以下几点：

一是开航前，船长应熟知航线上将通过桥梁的通航条件，准确测算桥梁的通航净高，充分考虑影响通过桥梁的桅杆、自卸臂因素，务必预留足够的富裕高度、富裕水深，与桥墩保持足够的距离。

二是驾驶船舶通过桥梁，必须提高警惕，谨慎驾驶。

三是船舶将驶入桥梁附近水域时，应事先观察助航标志、桥涵标志、桥梁倒水尺、水流水位等信息，尤其留意海事部门有关限高、限行警示标志。

四是充分考虑河水流态、风向等因素。

五是能见度变差，安全通过没有把握时，应避免驾船通过桥梁水域，应采取立即停车、倒车，选择安全水域抛锚等措施。

"3·12"事故给船舶所有人提出一条忠告，为了将内河航运可能遇到的风险分散出去，除投保船舶保险外，还应附加投保触碰桥梁及附属设施、水产养殖及设施、捕捞设施、水下设施责任保险，切莫为了节约成本开支而影响保足保全，导致事故发生后无法得到应有的经济补偿。

## 第三节 "11·15"船舶触礁搁浅案例

从某船务公司获悉，2016年11月15日，该公司A轮航经梧州桂江河口鸳江大桥附近水域，由于当班驾驶员判断失误，船舶偏离航道，船舶触礁搁浅，造成船壳穿孔进水。由于情况紧急，在海事部门的协调下，聘请B轮（吊机船）将"11·15"事故船舶上所载运的46个集装箱转吊至C轮上，使得事故船舶A轮能够脱险，应付B轮施救费18万元，应付C轮施救费5万元。

经查：事故船舶A轮是一艘多用途船舶，总长度56.8m，型宽12.5m，型深4.3m，船体结构为钢（铁）质，航行区域为内河A级航区，总吨位1423t，载重吨1991t。

出险前，船舶所有人已向某保险公司投保了内河船舶一切险，保险金额300万元，附加投保螺旋桨等单独损失险、附加投保1/4碰撞、触碰责任险。同时，船舶所有人还投保了保赔保险，约定：（1）提单和运单项下的货物责任限额1000万元；（2）残骸清除责任为每次事故责任限额1000万元；（3）施救和法律费用，每次事故责任限额200万元；（4）每次事故每人人身伤亡和疾病赔偿限额为 60 万元，8 人共计 480 万元；（5）碰撞责任每次事故责任限额 1000 万元；（6）油污每次事故责任限额 1000 万元。

按照船舶保险及保赔保险相关规定，保险公司应赔付船舶所有人"11·15"事故中的损失。经过保险公司理赔人员现场查勘，并由双方充分协商一致，事故起因在保险责任范围内，最终赔款 20 万元结案。

本案充分说明，船舶所有人在投保船舶保险的基础上，应选择增加保赔保险。如果同时投保了保赔保险，则有机会使用保赔保险项下的残骸清除进行索赔。船舶保险项下可以索赔维修费，保赔保险项下可以索赔打捞费，这样打捞费和维修费均能获得保险公司的经济补偿，因此将最大程度减少船舶所有人的经济负担。这是因为船舶保险项下可以附加的险种有限且保障范围狭窄，一些风险意识较强的船舶所有人往往选择在投保船舶保险的基础上，增加保障范围更广泛的保赔保险。保赔保险中，除了残骸清除，还可以承保以下风险：污染责任、因货物雨淋、水湿造成的承运人责任、船员及船上其他人员伤亡与疾病责任、因碰撞造成他船上发生伤亡赔偿责任及相关施救与法律费用。保赔保险相关内容在第三章中已有详细描述，在此不再赘述。

## 第四节　"11·7"船舶火灾事故案例

从某船务公司获悉，2016 年 11 月 6 日，该公司一艘满载河沙的船舶从广西藤县上航至桂平。11 月 7 日约 5：00，因主机负荷大导致机舱温度过高，引燃机舱内的可燃物，行驶至桂平三沙滩航道时发现机舱着火且火势上窜。机工发现火灾后，立即报告船长。船长马上组织全体船员用船上灭火器投入灭火。因火势较猛，一时无法扑灭。船长采取措施立即抛锚，并向在旁边的其他采沙船舶求救，使用两艘小艇携带消防泵灭火，约 7：00 将大火扑灭，但造成驾驶室、机舱全部被烧毁，损失严重。船舶所有人随即报告海事部门及保险公司。

所幸的是船舶所有人在事发前已向某保险公司投保内河船舶一切险，同时附加投保螺旋桨等单独损失保险，保险金额 60 万元（市场估值超过 100 万元）。保险合同约定：（1）承保区域不包括武宣牛皮滩上游；（2）每次事故绝对免赔人民币 200 元或损失金额的 15%，两者以高者为准；（3）特约全损免赔为保险金额的 10%；（4）不承保因承运原木造成的任何损失。

查阅船舶登记证书簿，船舶建造年份 2001 年，船舶种类为干货船，总吨位 372t，载重吨位 500t，总长度 42.3m，型宽 8.8m，型深 2.9m，船体结构为钢（铁）质，贵港籍船舶，航行区域为内河 A 级航区。

根据贵港平南海事部门"内河交通事故调查结论书"（平南海事处总编号 C〔2016〕07）处理意见：

事故损害及污染：事故造成船舶驾驶室、一层船员室、操舵实备、信号消防救生设备主机辅机等全部烧毁事故，未造成水域污染。

事故当事人责任认定：由于火灾初起时，在船值班人员发现起火时，未能及时将火扑灭，待驾驶室通知驾驶员一同参与灭火时，错过了最佳灭火时机，因此造成过火面积扩大。按照《中华人民共和国内河交通安全管理条例》第二十四条规定，值班人员未能有效履行职责而发生火灾事故，值班人员负有值班失职责任；"11·7"事故船舶所有人应负这次火灾事故经济损失全部责任。

鉴于船舶所有人（船东）已向某保险公司投保了内河船舶一切险，依据保险条款第一条第二款，且被保险人及其代表（包括船长）并未存在故意行为或违法犯罪行为。对此案件，保险公司应承担经济赔偿责任。经过保险公司理赔人员查勘定损，船舶损失金额约为 25 万元，船舶残值约为 1 万元，施救费约为 2 万元。

"11·7"事故暴露出保险公司与投保人在签订保险合同时，存在以下问题：

一是对于保险金额不足，未能通过合同约定方式，限定保险公司的保险责任。按照当时船舶市场行情，事故船舶价值应为 112 万元，投保金额仅为 60 万元，投保金额仅占实际价值的 53.5%，属于严重不足额承保。但是，保险合同并未约定不足额投保的比例，默认足额承保。导致火灾事故发生后，保险公司无法主张按承保比例赔偿。

二是保险公司不能准确评估船舶风险便匆忙承保。通常情况下，保险公司应对投保船舶先行验标，对潜在风险因素进行充分评估。据此采用差异化的承保方案。从上述分析，"11·7"火灾事故归因于船舶主机负荷大导致机舱温度过高，引燃机舱内的可燃物，引起机舱着火。保险公司承保前未曾登临事故船舶进行现场检查，对于防火设施的配置、消防隐患、管船规章制度的落实等一系列问题，是否存在风险因素未能及时发现并提出限期整改建议。如到期未能消除的，要以书面形式通知船舶所有人终止保单责任。

三是防灾防损工作落实不到位。船舶保险的防灾防损工作必须贯穿于整个保险流程。承保前，除了通过风险评估，在此基础上确定是否承保或以何种条件、何种方式承保，最大限度避免"病从口入"外，大量的工作应集中在保险期间和灾后处理上，包括保险宣传、检查、沟通、减灾和减损等多个维度。其目的是力求通过开展防灾防损，尽量消除事故发生的隐患或降低保险事故发生的频率，以及减少事故后的损失，最终降低赔款。

## 第五节　"12·4"船舶超航区航行造成沉没案例

2014 年 12 月 4 日，某船务公司的 A 轮在深圳宝安福永码头装载约 1300t 渣土，前往珠海横琴横湾码头。A 轮行驶至珠海唐家湾铜鼓角对开水域时，船长凭经验发现风力很大（东北风 8～9 级、阵风可能在 10 级以上）。由于风力太大，船舶无法前行，船长决定就地抛左锚约 30m 锚链及锚索水面（其中锚链十几米长）。半小时后，发现左锚锚链断裂，船体向港珠澳大桥漂去。A 轮由于装载的货物为渣土，所以在开航前船舱并未加盖帆布，当甲板上浪时，导致船舱进水，事故船舶即放 3 个潜水泵于船舱抽水。但是，由于排水速度仍慢于进水速度，船头慢慢下沉，A 轮船员立即拨打 12395 电话向海事部门求救。

2 小时后，A 轮沉没，船员放下船尾子船，全体船员登上子船逃生，中途子船也发生过故障，后随风漂流。约 2 小时后，南海救助站的救助 B 艇抵达现场将全体船员救起，并将船员送至珠海万山海事处做相应处理，由于救助 B 艇无法拖带子船，当时只好将子船弃掉。

得知 A 轮因大风于 12 月 4 日在珠海九洲港对面水域沉没，近日沉船将会被打捞起来拖至船舶修理厂维修，由于未知受损情况、程度及事故原因，保险公司特此委托派检验师前往查勘、检验。

2014 年 12 月 11 日，检验师得知 A 轮已被拖至东莞虎门渡口上游约

1n mile 的水域，会同船舶所有人一同前往 A 轮停泊地点进行查勘，发现 A 轮损失情况如下。

1. 驾驶室及室外甲板。缺失的有 AIS 1 台，罗经 1 个，扩音器 1 套，高频 2 个，主车远程显示器 2 台（1 台丢失，1 台损坏），手提对讲机 2 台，望远镜 2 个；航行灯闪光集控 1 套，不知是否能用，待检测；车钟及驾驶台操舵系统不知是否能用，待检测；驾驶甲板后方栏杆 Φ40mm×8500mm、2 件 Φ25mm×8500mm 变形，右侧栏杆 6200mm 丢失；驾驶台前 Φ40mm×2300mm 丢失、Φ40mm×6200mm 变形，左侧栏杆 6200mm 变形；4 个右侧窗户 500mm×800mm 坏，左侧窗户完好；驾驶室前方玻璃 5200mm×750mm 缺失；驾驶台前板横梁 L（60+40）×5200mm×5mm 断裂；驾驶室右侧门 680mm×1470mm 丢失；室内右边床铺丢失。

2. 二层生活区。8 个窗户 1270mm×900mm 丢失，3 个门 680mm×1470mm 丢失，一厅三房结构及设施全部被浪打走，室内甲板边沿锈穿，左侧栏杆 Φ40mm×2200mm×8500mm、2 件 Φ25mm×2200mm×8500mm 变形，后部水箱 1500mm×250mm×4mm 变形。

3. 主甲板层生活区。床、柜等生活用品全部被冲走，5 块室内瓷砖 600mm×600mm 被冲走；4 个门 680mm×1470mm 丢失，后门 1500mm×1000mm 丢失；室内装修全坏；子船 1 条丢失，子船架（120mm+2×55mm）×1200mm 变形；2 个厨房窗户 800mm×580mm 丢失，2 个生活窗户 1500mm×900mm 丢失；2 个消防栓丢失；左右甲板机舱进水。

4. 机舱情况。机舱全部被海水浸泡，包括主机 2 台，辅机 2 台，风机 1 台，配电箱及相关管、线路等。

5. 船头区域。左锚丢失，锚链及锚钢丝丢失；左锚机损坏，右锚机待检修；发电机 1 台（生活用电）是否受损待检修；前帆布支柱中杆变形、并与主甲板脱开；3 条固定帆布柱子 Φ90mm×1600mm 丢失。

6. 右侧舱口围长 6m、高 0.8m 变形。

7. 舱底板因尚有部分渣土未卸出，及水面以下部位暂无法查看，须等上排后再行跟进查勘。

根据 2014 年 12 月 11 日查阅 A 轮船长刘××、大副唐××及轮机员做的调查记录，以及该水域管辖的主管单位——珠海海事局出具的交通事故调查结论书，可得出以下几点推论：

一是 A 轮载运渣土，舱盖采用帆布遮盖式，在运输途中帆布并未对舱口进行遮盖。

二是 A 轮适航区域为 A 级航区（珠江水系自虎门沙角至淇澳岛大王角灯标孖洲岛灯标连线以内的水域，以及至香港、澳门距岸不超过 5km 的水域；自磨刀门经洪湾水道至澳门航区），但船舶实际航行的区域已超越了 A 级航区，已在淇澳岛大王角灯标孖洲岛灯标连线以外的水域，距珠海横档岛以东 4n mile（约 7.4km）。

三是当时在该区域海况较差，受冬季寒潮大风影响，出现较大风浪，但 A 轮船长在开航前未能准确掌握天气海况信息，且未根据天气海况实际情况和船舶自身特点，提前采取有效避风措施。

A 轮概况及保险情况如下。

船籍港：广西贵港。

船舶种类 / 用途：多用途船。

船体材料：钢质船壳。

船舶制造厂：桂平市 × × 造船厂。

改建船厂：无改建记录。

建成日期：2008 年 5 月 16 日。

船舶总吨位：934t。

船舶净吨位：523t。

船舶载货量：1437t（A 级）、1518t（B 级）。

总长度：49.8m。

型宽：11.3m。

型深：4m。

保单类型：内河船舶保险。

被保险人：罗 × ×。

保险期限：2014 年 9 月 7 日 0：00 至 2015 年 9 月 6 日 24：00 止。

事故时间：2014 年 12 月 4 日。

事故原因：A 轮作为保险船舶，已超航区冒险航行，受寒潮大风影响致 A 轮沉没。

损失情况：船舶沉没。

保险责任：不成立。

承保内容：内河船舶一切险及雇主责任保险。

保险责任分析如下。

出险地点：广东珠海水域，出险地点已超出保单航行区域。

出险时间：2014 年 12 月 4 日，事故所发生的时间在保险有效期内。

出险原因：由于该轮在受冬季寒潮大风影响期间，超航区冒险航行；船长在开航前未能准确掌握天气海况信息，且未根据天气海况实际情况和船舶自身特点提前采取有效避风措施，以致在航行过程中船舱进水，导致船舶沉没。

适航情况：根据被保险人提供的珠海海事局出具的内河交通事故调查结论书及船舶检验证书簿等相关资料及被保险船舶的装载状况，确认被保险船舶超航区冒险航行。

保单责任：根据《内河船舶保险条款（2009 版）》"除外责任"第六条："在保险期间内存在下述情况，自下述情况发生之日起保险人对任何原因产生的责任、损失和费用不负责赔偿：（一）船舶不适航（不适拖），包括保险船舶的人员配备不当、技术状态、航行区域、用途不符合航行（拖航）规定或货物装载不妥。"经调查，检验师认为此次事故是由于标的船超航区冒险航行，船长在开航前未能准确掌握天气海况信息，且未根据天气海况实际情况和船舶自身特点提前采取有效避风措施，以致在航行过程中船舱进水，导致船舶沉没，故保险责任不成立，保险人不须承担保险赔偿责任。

损失估算：（1）船舶打捞费用。A 轮沉没后经打捞，船东称花费 58 万元，具体须待船舶所有人（被保险人）提供相关资料后核定。（2）船舶修理费用。根据对 A 轮受损程度的实际查勘以及根据华南地区的船舶修理市场行情，船舶所有人表示部分项目将自行购买材料进行修理，估计修理费用在 30 万元左右。具体待到现场进行进一步修理跟进检验和由被保险人提供的最终修理损失凭证进行审核。

处理意见：根据现场的实际查勘及珠海海事局出具的内河交通事故调查结论书，本次事故是由于船长在开航前未能准确掌握天气海况信息，超航区冒险航行，且未根据天气海况实际情况和船舶自身特点提前采取有效避风措施，以致在航行过程中船舱进水，导致船舶沉没。参照《内河船舶保险条款

（2009版）》"除外责任"第六条："在保险期间内存在下述情况，自下述情况发生之日起保险人对任何原因产生的责任、损失和费用不负责赔偿：（一）船舶不适航（不适拖），包括保险船舶的人员配备不当、技术状态、航行区域、用途不符合航行（拖航）规定或货物装载不妥……"因此，此次事故A轮尽管沉没事实成立，但属于保险合同中的除外责任，保险公司无须对此事故负责。

## 第六节　船舶碰撞码头设备案例

从某船务公司获悉，该公司所属A轮于2015年8月15日约9：30，空载从广州三围码头开出，准备前往江门鹤山码头。8月15日约16：00，行驶至中山顺德水道准备抛锚时，撞到河面旁边某集团的油库码头设备，然后与被撞设备分开。经过检查，未发现人员伤亡、无船舶进水情况后，A轮船员报告给油库码头人事部门，之后移泊至油库码头，等待处理。8月17日，某集团派工程部门人员进行了简单查勘并做出修理预算，同时与A轮的人员协商受损设备修理与赔偿等事宜。

### 一、A轮情况

船籍港：广西武宣县。

船舶种类/用途：多用途船。

船体材料：钢质。

总吨位：597t。

净吨位：334t。

总长度：49.98m。

型宽：10.5m。

型深：3.6m。

满载吃水：3m。

空载吃水：0.6m。

航行区域：A级。

建成日期：2007 年 3 月 16 日。

船舶制造厂：广西壮族自治区桂平 × × 造船厂。

## 二、A 轮保险情况

投保险别：内河船舶一切险。

保险期限：2015 年 7 月 15 日 0：00 至 2016 年 7 月 14 日 24：00 止。

事故时间：2015 年 8 月 15 日 16：00 左右。

事故原因：碰撞。

保险金额：119 万元。

免赔条件：（1）本船航行区域包括武宣牛皮滩上游航段；（2）本保险单每次事故绝对免赔额为人民币 200 元；（3）船舶在保险期限内应具备有效适航证书，否则保险人不承担保险责任；（4）本保险单第一受益人为广西象州农村合作银行；（5）本轮不得装运原木。

## 三、被撞击油库码头设备的损坏程度

经查勘检验，被撞击油库码头设备在事故中的受损情况如下。

1. 管桩 4 根歪斜，1 根撞断落入水，经测量为 12mm × Φ450mm × 50000mm，5 根管桩总质量约为 32388.786kg。

2. 管桩内混凝土的填充为 C15 普通商品混凝土，经测量为 Φ426mm × 50000mm，总填充混凝土体积约为 35.615m$^3$。

3. 油库码头栈桥平台变形扭曲与断裂，预估使用型钢量约为 2.65t。

4. 油库码头栈桥平台管桩附件防撞胶落入水中。

5. 油库码头一条高压输油管压迫变形，无法继续使用。

通过询价，上述损失合计金额约为 38.49 万元。

## 四、事故船舶损坏程度

通过现场勘察以及与船舶所有人代表、当班驾驶员的了解，A 轮未受损，船况良好。

### 五、事故原因分析

在事发地点中山顺德水道，A 轮作为事故船舶，航行时突然遇到降雨，于是准备停船抛锚。

刚准备抛锚时，发现船舶正不断靠近河面旁边某集团的油库设备。A 轮立即采取转舵、停车及倒车措施避免撞击设备，但不起任何作用，仍撞击到油库管桩后分开。发生事故时的天气状况为东风 1 级，A 轮处于逆流行驶状态。A 轮撞击油库码头设备导致受损，检验师认为本次事故的原因是由于船员操作失误造成的。

鉴于船舶所有人已在出险前投保了船舶一切险，经保险公司与船舶所有人（被保险人）协商一致，最终以保险人赔付 35.9 万元结案。

## 第七节　A 轮沉没不属于保险公司责任案例

从广西桂平某船务公司获悉，2015 年 11 月 11 日，该公司的 A 轮因故沉没，具体情况如下。

### 一、A 轮概况

船籍：贵港。

船舶种类/用途：一般干货船。

总吨位：986t。

净吨位：552t。

总长度：56.65m。

型宽：12.5m。

型深：4.3m。

航行区域：内河 A 级航区。

参考载货量：1985t。

船舶制造厂：桂平市 ×× 造船厂。

制造年份：2011 年。

船舶经营人：桂平市江口 ×× 水运公司。

船舶所有人：李 ××。

## 二、A 轮保险情况

被保险人：李 ××。

保险期限：2015 年 5 月 12 日 0：00 至 11 月 11 日 24：00。

事故时间：2015 年 11 月 11 日。

事故原因：船舶沉没。

损失情况：船体受损；船舶生活区进水，设备受损。

投保险别：沿海内河船舶保险一切险。

保险金额：197 万元。

保险价值：待定。

定损 / 估损金额：99.5 万元。

特别约定：主险每次事故免赔 15%，碰撞、触碰事故每次事故免赔 25%。

## 三、事故调查情况

根据查勘检验及就题述事宜发生经过向 A 轮船长、驾驶员、轮机员进行的调查笔录，A 轮事故经过如下。

1. A 轮本航次于 2015 年 11 月 10 日 4：00 ～ 8：50 在深圳市妈湾 0 号码头靠泊装载渣土，用泥土车直接倾倒式装船，共 70 车，货物重量约 1850t。

2. 装货时，货物主要集中在船中部位，货舱前后留有间隙（前有约 4m 空隙，后有约 5m 空隙）。装好货物后，船舱中货物成山丘状，没有进行平舱作业。

3. 11 月 10 日 9：00 开航，前往珠海金湾区二号闸沙场码头卸货，开航吃水为 F/A=3.6/3.5m，开航时船上配员 4 人，分别是船长许 ××，驾驶员李 ××，轮机员邓 ××，水手许 ××，开航前船上设备一切正常，船上存轻油约 2t。

4. 11 月 10 日 19：20，A 轮顺利航行至珠海二号闸沙场外河口浅滩处，抛锚等待潮水过浅滩。20：00 左右，潮水涨起，标的船顺利通过二号闸沙场外河口浅滩，并于 20：50 靠妥二号闸沙场旁的简易码头。靠妥码头后，一切正常。由于晚上码头不卸货，所以船长命令船员按照靠泊状态值班。

5. 11月10日24:00，驾驶员李××交班给船长许××，轮机员邓××交班给水手许××，交接班时，一切正常。

6. 11月11日3:10，当船长许××正常值靠泊班时，突然"砰"的一声，A轮中部位发生下沉弯折（船中向下弯折），船体倾斜，货舱迅速下沉进水，然后整体座浅在码头泊位上，整个过程持续不到1分钟。

7. 事故发生后，船长许××立即叫醒船上其他船员，然后命令轮机员关闭机舱所有燃油阀门后尽快撤离到码头安全地带。

8. 11月11日4:00，船长许××在确认船员安全后，立即报珠海当地海事处。

根据船讯网查询A轮的轨迹和船长的叙述一致。

### 四、现场查勘情况

11月11日14:30，检验师到达现场后发现：A轮发生严重弯折，两头翘起，船中下沉，座浅在二号闸码头泊位上；A轮货舱进水，机舱完全进水，只剩生活区甲板以上还露在水面上。

11月16日，检验师前往珠海气象局开具了出险当日的气象证明，根据该证明，当日最大风速11.6m/s，属于6级风，不超过8级。

11月21日，检验师前往珠海协助A轮所有人（被保险人）签署打捞协议。根据A轮所有人和珠海市××打捞工程有限公司签署的打捞协议，打捞方负责船体打捞，抽水补洞，以及将受损失去动力的A轮负责护送到江门市睦州镇源标船舶修造厂，费用总计36万元。

11月26日，检验师在打捞现场，对打捞出水的A轮在本次事故中遭受的损坏状况进行了初步现场勘察，具体损坏状况如下：

A轮货舱中部出现整体弯折，长度约6m；货舱围板，船壳外板，船体甲板面同时受损；船底看不到，据说只是弯折，并没有断裂，二层底骨架受损；船舶机舱进水后被淹没，2台主机（上海柴油机厂生产）及波箱（减速比4.5：1，国产）需要拆开检修；2台船舶辅机（12kW）、需要进行拆检和烘干；主配电箱及相关电缆需要重新拆开检测和烘干；4组主机启动12V电瓶需要清洗，更换比重液，并重新充电；船用主机的主油箱、备用油箱需要清洗；船用空压机需要检修；船用舵机需要检修；机舱 2 台水泵马达需要检修；9 只 2kg 干粉灭火器被水浸泡。

11 月 27 日，检验师赶赴江门市睦州镇源标船舶修造厂，对 A 轮在本次事故中遭受的损坏状况进行再次现场勘察，情况如下：

（1）船舶左右货舱外板受损，相关尺寸为 4500mm×4500mm×8×2，4500mm×4500mm×6×2，380mm×4500mm×6×6 根 ×2，120mm×4500mm×8×6×14 根 ×2；

（2）船舶左右甲板面板一同受损，尺寸为 1300mm×4500mm×8×2 侧，下面衬板一同受损；

（3）货舱围板受损，尺寸为 300mm×4500mm×12×4 根，500mm×400mm×10×20 根，500mm×4500mm×10；

（4）货舱底板受损，尺寸为 2200mm×12500mm×8，下面衬板由于没有割开，受损情况暂时未知；

（5）船底板出现弯折，并没有断裂，二层底骨架受损（暂时没有割开），需要割换面积为 2200mm×12500mm；

（6）船舶机舱进水后被淹没，2 台主机（型号 WD615，重汽杭州柴油机厂生产）及波箱（减速比 5 : 1，国产）需要拆开检修；

（7）2 台船舶辅机（24kW，国产）需要进行拆检和烘干；

（8）1 台主机带电球受损，需要检修；

（9）主配电箱及相关电缆需要重新拆开检测和烘干；

（10）组主机启动 12V 电瓶需要清洗，更换比重液，并重新充电；

（11）船用主机的主油箱、备用油箱需要清洗；

（12）船用空压机需要检修；

（13）船用液压舵机需要检修；

（14）机舱 2 台水泵马达需要检修；

（15）9 个 2kg 干粉灭火器被水浸泡。

## 五、A 轮出险原因及保险责任认定

1. 出险地点：珠海市金湾区二号闸沙场码头，事故发生在承保航区内。

2. 出险时间：2015 年 11 月 11 日，事故发生时间在保险期限内。

3. 出险原因。检验师根据船长、船员的叙述，船舶所有人报告的出险通知书以及现场查勘检验，事故航次中，A 轮从深圳妈湾装货毕驶出，前往珠海二号闸码头的航行途中，至出险当时没有遭遇到诸如碰撞、触礁及搁浅等意外情况。天气晴朗，无大风浪。

根据现场向船长了解关于货物装载情况，船长许 × × 称，A 轮在深圳妈湾港装渣土的装货方式是从码头上外漂式支撑桥用汽车一车一车往船舱内倒入，由船长指挥装舱，装货期间通过船舶的前后移动方式，货物是积载在货舱内中部沿纵向前后方向延伸，呈纵向前后两侧向中部收拢状态，货舱靠最前、后端部没有积载渣土。从 A 轮的船体结构布置情况看（A 轮属于艉机舱 / 艉生活区，船首是艏尖舱，船舶满载时艏尖舱处于空舱状态，货舱位于纵向中部沿前后方位置，纵长占船舶总长的约 70% 区域内，位于机舱 / 生活区的前部，艏尖舱的后部区域），当 A 轮处于这种货物装载的情况下，造成船体中部重，两头轻的状态，造成船舶处于中垂状态，重力集中在船舶中部，船舶在浮力作用下，产生剪切力导致船体在中部位置变形断裂。（根据现场向船长许 × × 了解及查看航行日志，A 轮自今年以来，大部分时间都在装载这种货物，配载方式也是同样的，船体钢板长期受这种剪切力后，产生金属疲劳，就容易造成船体从中部处弯折开裂，发生事故）

另外，A 轮在靠妥二号闸码头期间，也没有卸货，只是正常的停泊在码头等待卸货。在停泊时，突然"砰"的一声，A 轮船体就发生弯折，货舱随后进水沉没，符合船体金属疲劳，突然弯折断裂规律。

因此，上述事故是因 A 轮装货积载不当所引起的，船体中间发生弯折。

4. 保险责任分析。根据以上分析，A 轮在码头泊位上，突然船体开裂弯折，进水后沉没。事故原因是配载不当造成的，属于船舶不适航状态，属于保险条款中的除外责任。

另外，船舶保险一切险条款是列明条款风险，A 轮在正常靠泊时，船体突然开裂，弯折进水后沉没，不属于保险责任范围。就算在停泊期间，受潮水的影响，发生了船舶吸底现象使船坐落在水底造成的损失也是座浅事故，属于保险除外责任。

综上所述，根据船舶保险条款约定，因装载货物积载不当所引起的损失不属于保险责任，故保险公司无须承担本次事故引起的损失赔偿责任。

此外，根据 A 轮提供的珠海海事局出具的内河交通事故调查结论书，经过仔细阅读，检验师意见如下：

事故种类定性为搁浅事故，署名检验师认为，该海事调查存在疏忽或者甚至是错误。海事认定为搁浅事故，根据相关保险条款的解释，"搁浅指船舶在航行或锚泊中遭受意外造成船舶底部与海底、河床或浅滩紧密接触，使之无法航行，处于静止或摇摆状态，并造成船舶损坏或停航 12 小时以上即构成搁浅。但船舶为了避免碰撞或者由于其他原因，有意将船舶抢滩座浅受损不属于搁浅责任范围"。在该海事调查中明确认定，A 轮是在靠泊 / 停泊等待卸货期间出的事故，与搁浅的定义存在明显的不同。搁浅是指航行或锚泊时，而不是靠泊时，A 轮是在靠泊期间发生的事故，怎么会是搁浅呢。搁浅事故一定是意外的、无法事先预料的事故；不可归于通常航行中，河流和港口的正常潮汐作用，这一点应与座浅相区分。座浅是指"船舶在浅水区停泊或作业时，因潮汐或装载而引起的船舶吸底现象使船坐落在水底造成的损失以及船底与水底摩擦而又非像搁浅那样造成的损失"。该次事故应该认定为座浅事故。"搁浅"与"座浅"的区别在于前者是意外的，而后者可以被事先预料，不属于意外事故，保险公司不承担赔偿责任。

5. 损失核定。根据 A 轮提供的相关保险所需的材料和索赔函，这次事故有如下的费用支出，总的索赔金额为 177.75 万元，其中，船舶打捞费用 36 万元，船体及机舱设施维修费用 141.75 万元。

### 六、对上述索赔项逐项进行评估、核损

#### （一）船舶打捞费用 36 万元

A 轮出险后，就打捞费问题，经过几家打捞公司的报价，A 轮所有人（被保险人）与珠海市 × × 打捞工程有限公司签署了打捞协议，打捞费共计 36 万元。

2015 年 11 月 23 日，打捞方派遣的工程船 B 轮到达沉船地点开展打捞前期准备工作。11 月 24 日另一条工程船 C 轮也赶到现场，进行联合起吊作业。

11 月 24 日 19：00，A 轮在两条工程船联合作业下，顺利起浮。起浮后，打捞方将机舱及货舱中的水抽干，于 11 月 27 日早上护送至江门市睦州镇源标船泊修造厂。

现场检验师意见：通常情况下，打捞工作的流程是打捞方先是用钢丝绳将船舶吊起，然后抽干船舱中的海水。这种打捞方式简单，而且船舶是抢滩，不用潜水员查勘，直接用钢丝绳将船起吊即可。

根据当地市场价格，这种打捞方式的打捞费用略显偏高，但考虑紧急情况，参与的打捞方肯定都会趁机抬价，检验师核损该打捞费为 33 万，具体如表 8-1 所示。

表 8-1　A 轮打捞费用明细

| 项目内容 | 估算金额（元） | 备注 |
|---|---|---|
| 施工工程船舶调遣费 | 50000 | |
| 工程船台班费 | 250000 | 25000 元 / 台班，共需 10 个台班 |
| 探摸费 | 30000 | 打捞前需要探摸 |
| 合计 | 330000 | |

### （二）船舶船体及机舱设施维修费用 141.75 万元

A 轮在事故中受损的船舶设备，船体由被保险人联系船厂进行了修理，修理完毕后，出具了修理工程单。根据检验师在现场查勘检验并结合查询珠江三角洲的市场价格，进行了详细的审核，认为合理的损失为 66.5 万元。

因此，本次海事事故共计造成损失：

33 万元（A 轮打捞费用）+66.5 万元（A 轮修理费用）=99.5 万元。

综上所述，因本次事故造成 A 轮合理的直接经济损失为 99.5 元，不属于保险事故责任，保险公司无须向 A 轮所有人支付保险赔偿。

## 第八节　新建造船舶下水倒塌案例

### 一、承保情况

被保险人：×× 造船厂。

保险人：某保险公司。

保险期限：2015 年 6 月 1 日 0：00 至 2016 年 12 月 1 日 24：00 止。

适用条款：《船舶建造保险条款》。

保险标的：建造的船壳和机器。

船舶种类/用途：拖网渔船（4#渔船）。

保险金额：22000000元。

免赔金额：每次事故绝对免赔30000元。

报损金额：2589930.04元。

定损金额：1372257.5元。

理算金额：1274659.5元。

保险单约定保险项目名称：在建造人船厂、船坞及规定试航海域范围内建造的船壳和机器等。

## 二、出险经过

1. 2016年7月8日下午，经造船厂设计部、生产保障部、质量部、总装部、生产管理部和安全保卫部等各部门确认后，该造船厂承建的4#渔船进行下水作业。

2. 7月8日15:40，下水排车连同4#渔船在卷扬机的牵引下，开始沿轨道下滑。

3. 7月8日15:55，下水排车下滑约16m时，排车上的下水小车首车与2#车之间的左连杆前部插销突然崩脱，紧接着右连杆后部插销也随之崩脱，2#小车与首车分离。因控制下水作业的钢丝绳是系固在首车上的，当2#小车与首车分离后，2#小车与之后的10部小车及小车上的4#渔船失控，顺着排车轨道自由向下滑行。

4. 由于下水排车与二级轨道之间有约3m距离，导致排车与挡土墙之间形成一个约3m宽的坑。尾部下水小车滑行到坑处时，陆续掉进坑里。由于惯性作用，4#渔船继续向下滑行。

5. 当超过重心处的小车掉进坑里后，船体艉部失去支撑向下栽在下水滑道轨道的基面上，着地后继续向下滑行，直至艉柱及舵叶插入地面，一连撞断3根下水滑道的横向连接梁（钢筋混凝土结构）后，卡在第四根横向连接梁上时，船体才停止下滑。

### 三、事故原因

从事故经过分析，船舶下水过程中，第一台和第二台下水小车之间的左连接杆前部插销突然断裂，使右连接杆后部插销也发生断裂，导致船舶跟随后面的小车一起顺着轨道下滑，最后船舶触底在下水滑道末端，造成滑移事故。

### 四、被保险人索赔项目与处理结果

出险之后，被保险人向保险人发出出险通知书，提出索赔金额合计2589930.04元。经过保险人反复审核并与被保险人充分沟通，分别对索赔项目逐项核对，具体如下。

1. 渔船本身设备损坏及修复费用394331.42元，按《保险条款》第二条规定，属船建险承保的责任范围，保险人予以赔付。

2. 渔船下水相关设备损失550000元，因《保险条款》第七条第四款规定，"船厂自身的机器设备、加工工具及辅助材料的损坏"属于除外责任，这部分"下水滑道及设施为船台设施"属企业财产范畴，因此船舶建造险项下，保险人不予承担赔偿责任。

3. 船厂员工抢险、维修人工费及广西××建设集团有限公司抢险围堰施工费634840元，主要工作用于扶正船舶；船体损坏部位的割换、火攻校正、油漆；艉轴拉出、螺旋桨拆装、舵叶拆换；损坏设备部件的维修更换；围堰做U型围堰，打掉水下的下水滑道横梁，以便顶升船体，抽出插入横梁地基以下的船体艉柱。按《保险条款》第二条规定，属于船建险承保的责任范围，保险人予以赔付。

4. 从黄埔船厂聘请专家协助抢险施救及从黄浦船厂租用设备费用143000元，按《保险条款》第二条规定，属于船建险保险的责任范围，保险人予以赔付。

5. 抢险使用的材料及购买物资费用359983.43元，按《保险条款》第二条，属船舶建造险承保的责任范围，但是部分可重复使用，考虑贬值处理。

6. 内部设备使用费216000元，按《保险条款》第二条，属于船舶建造险承保的责任范围，但须考虑合理性。

7. 人工费税金107922.8元，不属于船舶建造险承保的责任范围，保险人不予赔付。

8. 管理费按 8％计 183852.39 元，因为分别包含在上述各项中，不单独赔付。

## 第九节 船舶遭遇台风沉船案例

### 一、船舶概况

船名：平南 A 轮。

总吨位：978t。

净吨位：547t。

船舶种类／用途：一般干货船。

建成日期：2012 年 3 月 15 日。

船舶制造厂：桂平市 ×× 造船厂。

船舶经营人：平南县 ×× 船务有限公司。

船舶所有人：邓 ××。

总长度：56.75m。

船宽：12.5m。

型深：4.3m。

船体材料：钢质。

航区／载货量：A 级航区 1990t；B 级航区 2093t。

### 二、平南 A 轮保险情况

保险人：广西 ×× 保险公司。

保单类型：沿海内河船舶保险。

适用条款：《沿海内河船舶保险条款》。

保险期限：2016 年 8 月 28 日 0：00 至 2017 年 8 月 27 日 24：00 止。

出险原因：遭遇台风袭击沉船。

承保险别：沿海内河船舶保险一切险。

特别约定：本保单每次事故绝对免赔额为 200 元或损失金额的 15％，两者以高者为准；特约全损免赔为 10%（其他特别约定见保单约定）。

保险金额：158 万元。

报损金额：220 万元。

定损金额：181 万元。

### 三、现场调查

#### （一）事故经过

（1）平南 A 轮由于遭遇"天鸽"台风袭击而在珠海沉船；（2）沉船时船内有货物（水泥管）；（3）沉船和货物打捞费用约 72 万元。

2017 年 8 月 21 日约 11：00，平南 A 轮从东莞装载约 2000t 水泥管驶往珠海斗门白蕉镇灯笼村，途中遇到 2017 年第 13 号强台风"天鸽"，8 月 22 日约 19：00 在磨刀门水道左岸灯笼山水闸上咀上游约 400m 水域抛锚防台风；8 月 23 日约 12：45 受强台风"天鸽"吹袭造成平南 A 轮沉没，船上 2 名人员落水，其中 1 人获救，1 人死亡，事故对平南 A 轮造成较大的经济损失。

#### （二）检验经过

2017 年 10 月 7 日中午，检验师得知平南 A 轮因"天鸽"台风沉没出险受损，目前已经拖到佛山市顺德区马岗镇 ×× 船厂等待维修，由于未知受损情况及程度，检验师被派往该船厂查勘船舶情况。由于平南 A 轮受损维修项目较多，直到 10 月 15 日晚上，该船厂才表示对平南 A 轮维修项目完成了初步报价。由于报修项目较多且金额较大，与之前初步查勘估损情况相差较大，于是检验师于 10 月 16 日前往该船厂，会同船厂主管对平南 A 轮的损失情况进行跟进。同时，要求船厂及时提供与事故有关的相关索赔资料凭证，以便保险公司能够及时结案。

### 四、事故原因

根据平南 A 轮提供的水上交通事故调查结论书中事故原因（事实与分析）显示，2017 年第 13 号强台风"天鸽"带来的极端恶劣的天气海况是造成事故的重要原因，船舶对台风影响估计不足也是造成事故的原因之一。

本次台风强度超出船长预期，船长凭以往防台风惯例做法，对台风的强度估计不足，未充分考虑本次台风强度大和风暴潮的影响，对风险评估不足。

因此，本次事故近因是由于 A 轮遇到台风所致船舶沉没。本次事故为平南 A 轮遇台风沉没，属于平南 A 轮单方事故责任。

## 五、保险责任分析

1. 出险地点：磨刀门水道左岸灯笼山水闸上咀上游约 400m 水域，事故发生在承保航区内。

2. 出险时间：2017 年 8 月 23 日，事故发生时间在保险期限内。

3. 出险原因：平南 A 轮遭遇台风袭击船舶沉没。

4. 适航情况：根据平南 A 轮提供的船舶检验证书、船舶最低安全配员证书、船员适任证书等相关船舶资料（表 8-2），确认船舶出险时处于适航状态。

表 8-2　平南 A 轮适航情况相关资料

| 证书名称 | 有效期 | 签发部门 | 说明 |
| --- | --- | --- | --- |
| 船舶适航证书 | 2018 年 3 月 14 日 | 广西壮族自治区贵港船舶检验局 | 证书有效 |
| 船舶载重线证书 | 2018 年 3 月 14 日 | 广西壮族自治区贵港船舶检验局 | 证书有效 |
| 船舶吨位证书 | 长期 | 中华人民共和国海事局船舶安全技术中心 | 证书有效 |
| 船舶最低安全配员证书 | 2020 年 5 月 26 日 | 中华人民共和国贵港海事局 | 证书有效 |

5. 保险责任：根据现场查勘检验依据掌握的资料，平南 A 轮投保了沿海内河船舶保险一切险。根据《沿海内河船舶保险条款》第一条第一款"八级以上（含八级）大风"和第五款"由于上述一至四款灾害或事故引起的倾覆、沉没"属于保险责任范围，故本次事故属于保险责任范围，保险公司须承担保险赔偿责任。

## 六、报损及核损情况

平南 A 轮提出报损金额：一是打捞救助费 720000 元；二是船舶维修报价 1489518 元，合计报损金额为 2209518 元。

根据平南 A 轮投保所接近的挡位为每吨 1600 元，参考中国船舶工业总公司出版的《国内民用船舶修理价格表 92 黄本》，参照华南地区当地实际修船市场价格及现场测量数据，对平南 A 轮提供的修理清单进行审核。对平南 A 轮提报的修理费金额 1489518 元，检验师评估合理的定损金额为 1090147

元（不含税金）。本次事故中，从平南 A 轮评估割换下来的废钢铁约为 47518kg，残值金额约为 47518 元。

除上述维修费用外，平南 A 轮因事故打捞费用 720000 元，打捞费金额合理。

与此同时，由于打捞出来的货物——水泥管最终以全损处理，货物无残值。因此，打捞费用不做分摊。

以上合计报损金额：1489518+720000=2209518 元。

合计定损金额：1090147+720000=1810147 元。

### 七、理算情况

投保情况：平南 A 轮建成于 2012 年，为总吨位 978t 的一般干货船，而保单约定平南 A 轮的保险价值为 1585600 元，故平南 A 轮的投保比例 =1585600/1900000=83.45%。因此，平南 A 轮为不足额投保。

免赔计算：根据保险单特别约定，本保单每次事故绝对免赔额为 200 元或损失金额的 15%，两者以高者为准。本次事故免赔 15% 计算。

理算：理算金额 =（被保险船船体定损金额 + 打捞救助费 – 残值）× 投保比例 ×（1– 免赔率）=（1090147+720000–47518）×83.45% ×（1–15%）=1250276.82 元

综上所述，平南 A 轮属于保险责任事故。本次事故引起的在保险责任范围内的合计定损金额为 1810147 元，理算金额为 1250276.82 元。该理算金额已考虑投保情况、残值、是否重复保险及免赔等。

## 第十节 船舶沉没造成钢材货损案例

### 一、承保情况

保险险种：国内水路陆路货物运输保险。

适用条款：《国内水路陆路货物运输保险》。

保险人：广西 ×× 保险公司。

被保险人：广州 ×× 船务有限公司。

承保标的：卷钢。

承保数量：2643.15t。

起运日期：2018 年 9 月 11 日。

运输路线：广东—福建—上海。

运输工具：AB 轮。

特别约定：每次事故绝对免赔额 2000 元或损失的 10％，两者以高者为准。

## 二、出险情况

出险时间：2018 年 9 月 29 日（沉没时间）。

出险地点：闽江口七星礁附近（沉没地点）。

出险原因：沉没。

受损标的：卷钢。

## 三、定损理算

定损金额：13793467.95 元。

残值金额：5870000 元。

免赔额：10％。

理算金额：7131121.16 元。

## 四、AA 轮事故情况

2018 年 9 月 29 日，AA 轮在闽江口沉没，造成船上货物随船舶沉没受损事故，进行现场查勘、检验、取证的情况如下。

### （一）AA 轮概况

船籍港：钦州。

船舶识别号：CN20026602425。

船舶种类 / 用途：一般干货船。

建成日期：2003 年 4 月 23 日。

船体材料：钢质船壳。

船舶制造厂：永嘉县 ×× 造船厂。

船舶所有人：钦州 ×× 海运有限公司。

船舶经营人：钦州 ×× 海运有限公司。

总吨位：2044t。

净吨位：1144t。

总长度：86m。

型宽：13m。

型深：6.7m。

主机功率：735kW。

### （二）货物信息

根据船方提供的信息，AA 轮载运卷钢数量为 3088.354t，共有 6～7 个货主，具体装船单暂无法全部提供，目前已知的 3 家保险人分别为上海 ×× 保险公司、天津 ×× 保险公司、广西 ×× 保险公司（表 8-3）。

表 8-3　AA 轮载货信息明细表

| 序号 | 货物保险人 | 货物总量（t） | 货物类型 | 现场代表 | 备注 |
|---|---|---|---|---|---|
| 1 | 上海 ×× 保险公司 | 577.044 | 镀锌板卷、热镀锌板卷、棒材类 | 上海 ×× 保险公估 | |
| 2 | 天津 ×× 保险公司 | 114.460 | 圆钢 | 深圳市 ×× 保险公估 | |
| 3 | 广西 ×× 保险公司 | 2643.150 | 冷卷、热卷 | 广州 ×× 保险公估 | |
| 4 | 不详 | 219.480 | | | |
| 5 | 上述合计 | 3554.134 | | | |
| 6 | 船方告称数量 | 3088.354 | | | 船方向海事局报告总数为 3297t |
| 7 | 参考载货量 | 3506.000 | | | |

注：由于部分非标的货物信息无法获取，因此上述数据暂且作为参考，最终载运数量以海事责任认定为准。

### （三）事故概况

据被保险人描述及提供的运单获悉（表 8-4），托运人广州 ×× 船务有限公司，委托钦州 ×× 海运有限公司所属船舶 AA 轮，于广州珠钢码头承运 6 份运单项下共有 2643.15t 钢卷，2018 年 9 月 22 日从广州起运。

表 8-4　AA 轮运单情况

| 序号 | 运单号 | 起运港 | 目的港 | 运载数量（t） | 托运人 | 收货人 |
|------|--------|--------|--------|---------------|--------|--------|
| 1 | 000401 | 广州珠钢码头 | 上海共青码头转杭州申江码头 | 632.230 | 广州××船务有限公司 | 江西××代杭州××实业有限公司 |
| 2 | 0000402 | 广州珠钢码头 | 上海共青码头 | 70.990 | 广州××船务有限公司 | 上海××运输有限公司 |
| 3 | 0000404 | 广州珠钢码头 | 上海苏建码头 | 546.070 | 广州××船务有限公司 | 上海××实业发展有限公司 |
| 4 | 0000405 | 广州珠钢码头 | 上海苏建码头 | 182.580 | 广州××船务有限公司 | 上海××实业发展有限公司 |
| 5 | 0000406 | 广州珠钢码头 | 上海苏建码头 | 809.805 | 广州××船务有限公司 | 福建××钢铁有限公司 |
| 6 | 0000407 | 广州珠钢码头 | 上海苏建码头 | 401.475 | 广州××船务有限公司 | 上海××实业有限公司 |
| 7 | 合计 | | | 2643.150 | | |

　　2018 年 9 月 29 日约 14：00，AA 轮在福建闽江口七星礁东偏北面 1.4n mile 附近沉没，当时海面气象海况：东北风 5～6 级，阵风 7 级，浪高 2m，能见度 8n mile，航速 6 节。AA 轮本航次由广州港驶往上海，船上装有钢材货物 3297t。

　　事故过程描述：

　　2018 年 9 月 29 日约 13：58，AA 轮船员感到船体剧烈震动并听见"砰、砰、砰"的快速且沉闷的几声船体擦碰声。船长感觉情况异常，立即赶往驾驶台查明原因。船长一到驾驶台就看见船头已经入水上浪，发觉事态严重，船舶沉没已不可避免，随即命令值班人员按下警铃发出全船警报，通知全体船员发生紧急情况，并大声呼喊快穿上救生衣逃生。约 13：59，就在船长发布弃船命令的很短时间内，船头已经插入水下，海水已经淹没到船中部位置，船头加快下沉速度，船员刚套上救生衣，海水已经淹没到船尾生活区。约 14：00，船舶完全沉没，目前船员失踪 3 人。

### 五、货物情况分析及残值预估

#### （一）货物情况分析

卷钢一旦接触海水会产生电池置换反应，造成本质的损坏，只能改变用途降级使用等，海水浸泡时间越长其残值越低，具体的残值只能以货物出水时的锈蚀程度而定，且打捞存在诸多不确定因素，包括打捞可能损坏货物状况，打捞本身造成损耗（如打捞过程造成货物的损耗，或者船体下沉时可能的货物遗失等），综合上述因素考虑，打捞后再进行处理会有诸多的不确定性，存在一定风险。

据 2017 年及 2018 年福建地区两起沉船沉货处理情况，参考如下：

一是 2017 年 8 月，载货 5000t 钢材制品（包括冷卷，方钢，圆钢等）的沉船案件，保险人最后举行水下拍卖成交价为 675 万元（打捞费买家负责，打捞费 450 万元）。

二是 2018 年 6 月，载货 5000t 螺纹钢的沉船案件，保险人最后举行水下拍卖成交价 750 万元（打捞费买家负责，打捞费 500 万元）。

#### （二）卷钢残值预估

根据查询网络价格，被保险人所报投保的单价与市场单价基本相符，另据打捞公司报价，打捞出水价格约为 800 元 /t，因此本次货物打捞总价格约为 2114520 元。

卷钢浸泡海水后会发生化学反应，可能会造成本质的损坏，其残值因浸泡时间长短而定。目前，预计最快的打捞时间约为 1 个月，考虑其他天气因素等，出水时间可能会更长。如下是按照水下浸泡 2 个月的时间（9 月 29 日沉没，全部出水估计在 11 月中下旬）估算残值，经测算残值约 7675666 元（备注：目前的残值估算仅以当前货物的水下大概状况进行参考估算，具体情况需参考货物的真实出水情况而定），详见表 8–5。

表8-5　卷钢浸泡2个月后的预估残值

| 序号 | 货物名称 | 数量（卷） | 重量（t） | 单价（元） | 预估残值单价（元） | 预估残值（元） |
|---|---|---|---|---|---|---|
| 1 | 冷卷 | 67 | 632.230 | 7800 | 4000 | 2528920 |
| 2 | 冷卷 | 7 | 70.990 | 7800 | 4000 | 283960 |
| 3 | 热卷 | 9 | 257.460 | 4500 | 3800 | 978348 |
| 4 | 热卷 | 10 | 288.610 | 4500 | 3800 | 1096718 |
| 5 | 冷卷 | 15 | 158.635 | 4900 | 2000 | 317270 |
| 6 | 冷卷 | 2 | 23.945 | 4900 | 2000 | 47890 |
| 7 | 冷卷 | 48 | 529.545 | 4900 | 2000 | 1059090 |
| 8 | 冷卷 | 23 | 249.090 | 4900 | 2000 | 498180 |
| 9 | 冷卷 | 3 | 31.170 | 4900 | 2000 | 62340 |
| 10 | 冷卷 | 36 | 401.475 | 4900 | 2000 | 802950 |
| 11 | 合计 | 220 | 2643.150 | | | 7675666 |

扣除打捞费2114520元，净残值约为5561146元，考虑到打捞损耗及其他各种潜在风险，如举行拍卖，建议将底价设置在550万元。

据上述净残值测算，整批货物单价2104元/t（即5561146/2643.15）。

考虑到打捞周期的不确定性，打捞过程可能出现的货损，及出水后码头堆存费/装卸费，船只运费等，买家总的成本预计在3050元/t，已经远远高于目前市场废钢价格（约2000元/t）。

（三）拍卖情况

经过多次协商，最终由武汉××拍卖公司与被保险人（广州××船务有限公司）签订委托拍卖协议，即同意委托武汉××拍卖公司对沉船上2643.15t卷钢进行拍卖。同时约定，如流拍即由拍卖公司自行将卷钢买走。2018年11月7日开始公告拍卖事宜，2018年11月14日下午开始拍卖，由于无意向买家，故而此次拍卖流拍。最后由武汉××拍卖公司按照原先设定的底价550万元买走此批货物。

（四）损失评估

根据被保险人提供的订单合同、结算单及相关发票，本案中涉及10张保单分别计算投保比例及定损，详见表8-6。

表8-6　货物保单投保比例及定损

| 保险单号 | 保单项下货物数量（t） | 保单下总保险金额（元） | 货物总价值（含税）（元） | 涉损货物数量（t） | 涉损货物价值（元） | 投保比例（%） | 定损金额（元） | 备注 |
|---|---|---|---|---|---|---|---|---|
| PYDL2018450 80100E01596 | 604.260 | 2960874.00 | 2927370.30 | 158.635 | 767068.69 | 100.00 | 767068.69 | |
| PYDL2018450 80100E01600 | 177.540 | 1384812.00 | 1029383.16 | 70.990 | 384923.66 | 100.00 | 384923.66 | 涉损货物价值是否含税需进一步确认 |
| PYDL2018450 80100E01604 | 529.545 | 2594770.50 | 2556802.83 | 529.545 | 2556254.16 | 100.00 | 2556254.16 | |
| PYDL2018450 80100E01603 | 585.240 | 2633580.00 | 2669511.41 | 257.460 | 1189577.34 | 98.65 | 1173518.05 | |
| PYDL2018450 80100E01615 | 583.465 | 2858978.50 | 2833250.40 | 249.090 | 1203611.76 | 100.00 | 1203611.76 | |
| PYDL2018450 80100E01614 | 23.945 | 117330.50 | 116468.48 | 23.945 | 116468.48 | 100.00 | 116468.48 | |
| PYDL2018450 80100E01620 | 76.900 | 376810.00 | 371378.56 | 31.170 | 151263.84 | 100.00 | 151263.84 | |
| PYDL2018450 80100E01619 | 670.360 | 3284764.00 | 3186684.60 | 401.475 | 1902006.08 | 100.00 | 1902006.08 | |
| PYDL2018450 80100E01618 | 922.930 | 4153185.00 | 4079296.91 | 288.610 | 1281973.93 | 100.00 | 1281973.93 | |
| PYDL2018450 80100E01652 | 633.000 | 4937400.00 | 5747911.12 | 632.230 | 4955095.79 | 85.90 | 4256379.31 | 涉损货物价值是否含税需进一步确认 |
| 合计 | 4807.184 | 25302504.50 | 25518057.77 | 2643.150 | 14508243.73 | | 1379346.95 | |

## 六、保险责任分析

1. 出险时间：2018年9月29日（沉没时间）。

2. 出险地点：闽江口七星礁附近（沉没地点）。

3. 损失标的：卷钢。

4. 出险原因：沉没（具体原因以海事部门最终的事故认定书为准）。

5. 保险责任：根据现场检验掌握的资料，被保险人投保国内水路陆路货物运输保险综合险。根据《国内水路陆路货物运输保险》"保险责任（一）基本险"中包含"由于运输工具发生碰撞、搁浅、触礁、倾覆、沉没、出轨或隧道、码头坍塌所造成的损失"。因此，本次事故的损失属于保险责任范围。

## 七、损失理算

本起事故中货物于 2018 年 11 月 14 日完成水下拍卖，由于无意向买家，最后货物流拍，根据拍卖协议，若流拍，则由拍卖公司以底价 587 万元购买，因此本起事故中总残值为 587 万元，根据每张保单的保险金额占 10 张保单总的保险金额的比例将残值分摊到每张保单项下。

免赔额：每张保单免赔额均为 2000 元或损失的 10%，取高者，因此本案中取 10% 免赔。

是否重复保险：经被保险人声明，不存在重复保险行为。

理算金额：（定损金额 – 残值）×（1– 免赔率），具体见表 8-7。

表8-7 AA轮理算明细表

| 保单号 | 保单下货物数量（t） | 保单下总保险金额（元） | 货物总价值（含税）（元） | 涉损货物数量（t） | 涉损货物价值（元） | 投保比例（%） | 定损金额（元） | 保险金额占比（%） | 残值（元） | 免赔比例（%） | 理算金额（元） |
|---|---|---|---|---|---|---|---|---|---|---|---|
| PYDL201845080100E1596 | 604.260 | 2960874.00 | 2927370.30 | 158.635 | 767068.69 | 100.00 | 767068.69 | 11.70 | 686901.58 | 10 | 72150.40 |
| PYDL201845080100E1600 | 177.540 | 1384812.00 | 1029383.16 | 70.990 | 384923.66 | 100.00 | 384923.66 | 5.47 | 321266.48 | 10 | 57291.47 |
| PYDL201845080100E1604 | 529.545 | 2594770.50 | 2556802.83 | 529.545 | 2556254.16 | 100.00 | 2556254.16 | 10.25 | 601968.19 | 10 | 1758857.37 |
| PYDL201845080100E1603 | 585.240 | 2633580.00 | 2669511.41 | 257.460 | 1189577.34 | 98.65 | 1189577.34 | 10.41 | 610971.72 | 10 | 506291.70 |
| PYDL201845080100E1615 | 583.465 | 2858978.50 | 2833250.40 | 249.090 | 1203611.76 | 100.00 | 1203611.76 | 11.30 | 663262.56 | 10 | 486314.28 |
| PYDL201845080100E1614 | 23.945 | 117330.50 | 116468.48 | 23.945 | 116468.48 | 100.00 | 116468.48 | 0.46 | 27219.84 | 10 | 80323.78 |
| PYDL201845080100E1620 | 76.900 | 376810.00 | 371378.56 | 31.170 | 151263.84 | 100.00 | 151263.84 | 1.49 | 87417.22 | 10 | 57461.95 |
| PYDL201845080100E1619 | 670.360 | 3284764.00 | 3186684.60 | 401.475 | 1902006.08 | 100.00 | 1902006.08 | 12.98 | 762041.74 | 10 | 1025967.90 |
| PYDL201845080100E1618 | 922.930 | 4153185.00 | 4079296.91 | 288.610 | 1281973.93 | 100.00 | 1281973.93 | 16.41 | 963509.20 | 10 | 286618.25 |
| PYDL201845080100E1652 | 633.000 | 4937400.00 | 5747911.12 | 632.230 | 4955095.79 | 85.90 | 4255379.31 | 19.51 | 1145441.47 | 10 | 2799844.05 |
| 合计 | 4807.185 | 25302504.50 | 25518057.77 | 2643.150 | 14508243.73 | | 13793467.95 | 100.00 | 5870000.00 | | 7131121.16 |

## 八、结论

根据《国内水路陆路货物运输保险》的相关规定以及查勘掌握的情况，被保险人投保的国内水路陆路货物运输保险共计 10 张保单，所有保单项下的卷钢沉没受损事故，均属于保险责任范围。本次事故的合计定损金额为 13793467.95 元，理算金额为 7131121.16 元。

特别说明：上述理算金额已考虑投保情况、残值、是否重复保险及免赔等。

## 第十一节　Q 轮因受雨淋导致所载运的水泥货损案例

### 一、货物投保情况

保险单号：PYDS201945080100E04434。

保险险种：国内水路货物运输保险。

适用条款：《国内水路货物运输保险》。

保险人：广西 ×× 保险公司。

被保险人：黄 ××。

投保人：广西 ×× 物流有限责任公司。

承保标的：散装水泥。

承运船舶：Q 轮。

起运日期：2019 年 8 月 25 日。

运输路线：广西崇左新宁海螺码头—广东江门鹤山。

保险金额：70 万元。

免赔条件：每次事故绝对免赔额为 200 元或损失金额的 10％，两者以高者为准。

### 二、出险情况

出险时间：2019 年 9 月 6 日（发现时间）。

出险地点：江门鹤山大雁水泥厂锚地待卸过程中（发现地点）。

出险原因：详见报告中第六项分析。

受损标的：散装水泥。

## 三、定损理算

损失金额：117456.60 元。

残值金额：0 元。

定损金额：70341.36 元。

免赔率：10%。

投保比例：100%。

理算金额：63307.22 元。

## 四、现场调查

### （一）船舶概况

船名：Q 轮。

船籍港：横县。

船舶种类 / 用途：散货船。

船体材料：钢质。

船舶所有人：覃××。

船舶制造厂：横县××船舶修造厂。

建成日期：2015 年 10 月 12 日。

总吨位：808t。

净吨位：452t。

总长度：56.96m。

型宽：10.8m。

型深：4.1m。

### （二）货物信息

货物名称：普通硅酸盐水泥 PII525。

包装形式：船运散装。

货物重量：1699.59t。

### 五、货物检验情况

经过对 Q 轮现场查勘，具体情况如下：Q 轮仅有一个货舱。根据货单，本航次装载 1699.59t 散装 PII525 水泥，货舱表层水泥局部结块，暂时无法卸出，结块程度与结块数量须卸完且过磅完毕后才能最终确定。

现场检查发现，货舱篷布受损情况如下。

由于受到大风大雨的影响，Q 轮前舱篷布有严重刮破痕迹，为了防止水湿致损程度进一步扩大，船长已经更换新的篷布；后舱篷布还是用原来的。经过检查，前后篷布与货舱篷布缆绳接触部位，因摩擦导致该部分条状磨损变薄，有漏光现象。

由于码头方面迟迟未能安排卸货，2019 年 9 月 17 日船长电话告知保险公司指定的检验师，称"在前晚下大雨过程中，Q 轮上装载的散装水泥再次遭受雨淋，要求检验师前往查勘水泥受损情况"。得知此消息后，检验师于当天再次前往江门鹤山大雁水泥厂锚地，对船长所称的雨淋情况进行现场检验。检查发现，Q 轮上所装载的水泥又有几处新的雨淋痕迹，Q 轮上受损的帆布已经全部更换一新。在此情况下，船长要求发货方和收货方尽快协商，尽快安排卸货，以免因此耽误 Q 轮的船期。

2019 年 9 月 18 日，经过多次协商，Q 轮终于得以靠泊大雁水泥厂码头并开始安排卸货，迅速将 Q 轮舱内的散装水泥卸入水泥厂 3 号大罐内。2019 年 9 月 19 日，检验师在大雁水泥厂码头查看卸货情况。当天约 16：30，码头吸泵操作人员声称由于块状水泥堵管，无法再将船舱内剩余的水泥抽取，故停止卸货。现场测量，发现 Q 轮货舱内剩余的水泥平均高度约为 40cm，长度约为 18m，宽度约为 9m，由此推算出货舱内剩余 64.8m³ 水泥被水泥厂拒绝收货。按照普通散装水泥的密度为 1300kg/m³，约 84.24t 水泥无法卸出。

上述卸货至鹤山大雁水泥厂 3 号大罐内的水泥从 9 月 21 日开始出货，至 9 月 27 日出库完毕后，鹤山大雁水泥厂对账单显示出罐水泥重量为 1438.94t，比照货单重量 1699.59t，合计短重 260.65t。这一结果与检验师按照现场计算的重量有较大的出入。

## 六、残值处理

在卸货现场，被保险人代表黄××声称：他们公司只是货物贸易公司，不生产水泥，因此也无法回收这批水湿结块的水泥货物。检验师认为，这些水湿结块的水泥货物经过过筛后，下部的部分货物还是可以正常使用的。但是考虑到人工过筛，运输费，仓储费等因素，估计这笔费用较高，而且也没有合适的场地进行二次分拣，只能废弃处理。综上所述，这批受损的水泥货物宜按无残值处理。

## 七、事故原因

根据现场查勘记录及承运船舶 Q 轮上船员的口述，2019 年 9 月 6 日 Q 轮在到达江门鹤山大雁水泥厂后，由于受到台风引起大风大雨的影响，导致 Q 轮的帆布破损，货舱内的散装水泥被大雨淋湿结块，造成货损。

## 八、保险责任分析

1. 出险时间：2019 年 9 月 6 日。
2. 出险地点：江门鹤山大雁水泥厂锚地。
3. 出险标的：散装水泥。
4. 出险原因：淋雨结块受损。
5. 保险责任：依据现场查勘检验所掌握的第一手资料判断，因为被保险人已投保了国内水路货物运输保险综合险，按照保险条款规定，检验师认为本次散装水泥遭遇雨淋事故的损失属于保险责任范围。

## 九、损失理算

定损金额：根据事故后被保险人提出的索赔金额，以及检验师根据现场勘查检验评估相关的费用情况，定损情况见表 8-8。

表8-8 Q轮货物定损情况

| 序号 | 项目 | 重量（t） | 索赔单价（元/t） | 金额（元） | 评估金额（元） | 备注 |
|---|---|---|---|---|---|---|
| 1 | 散装水泥结块损失费用 | 260.65 | 460 | 119899.00 | 38034.36 | 根据被保险人提供的供货合同，PII525散装水泥单价为397元/t，根据货物运单，运费为54.5元/t；经过现场测量计算，合计84.24t水泥结块无法卸出 |
| 2 | 卸岸罐PII525降级为PII425水泥使用损失费用 | 1438.94 | 40 | 57557.60 | 32307.00 | 降级重量=货单重量－结块无法卸出的水泥=1699.59－84.24=1615.35t；PII525降级为PII425水泥按照20元/t计算降级费用 |
| 3 | 合计 | | | 177456.60 | 70341.36 | |

残值金额：0元。

投保情况：保险金额70万元，发货重量1699.59t，货物单价397元/t。（所投保比例为100%，经被保险人声明，不存在重复保险行为）

保险价值=1699.59t×397元/t=674737元

免赔计算：200元或损失金额的10%，以高者为准。本次事故按10%免赔率来计。

理算金额＝（定损金额－残值）×投保比例×（1－免赔率）

= （70341.36 － 0）×100% ×（1 － 10%）

=63307.22元

## 十、结论

根据国内水路货物运输保险综合险及其特别约定的相关规定，结合现场查勘所掌握的情况，被保险人黄××投保的××保单号项下货物（散装水泥）雨淋导致结块受损事故，属于保险条款规定的责任范围，理应由承保这批水泥货物的保险公司赔偿。

本次事故的定损金额70341.36元，理算金额63307.22元。其中，理算金额已充分考虑投保情况、货物的残值、是否重复保险及免赔条件等因素。

## 第十二节　贵港 R 轮保赔保险案例

2018 年 6 月 3 日，杨××驾驶装载有 78 个集装箱的 R 轮途经广西平南县武林镇盐蛇滩水域，因操作不当，船舶发生触礁搁浅事故。

船舶所有人在事故发生前，已向广西××保险公司投保了保赔保险。

R 轮出险时间恰逢西江流域汛期，出险地点正好在航道上且占据大部分主航道，如果不及时进行施救，恢复航道的航行通畅，不但影响过往船舶航行或作业安全，而且出险河段水流湍急，如不能及时救助，结果难以预测。

现场查勘发现，R 轮的船艏已出现右倾，左右吃水相差 40cm，且礁石卡入船体较深，R 轮无法自行脱险。经过评估，为防止发生次生灾害，船长排除通过拖轮拖带脱险方案，拟选用由浮吊船过驳部分集装箱，使受困的 R 轮浮起后，拖至安全水域锚泊。

经过紧急询价，预计发生以下费用：吊机船过驳、拖带费 16 万元，驳船费 2 万元。

经查，本次事故符合保赔保险合同条款规定的保险责任范围，属于保险责任范围。

按照保赔保险理赔原则要求，被保险人及时通知保险人，施救方案及费用均事先征求保险人，R 轮所有人按先行支付原则且无法从其他保险合同获得赔偿，本案由保赔保险的保险公司最终承担施救费用结案。

## 第十三节　武宣 D 轮搁浅案例

2018 年 12 月 25 日，武宣 D 轮航行至武宣黔江勒马航段，因驾驶人员操作失误，导致 D 轮偏离正常航行，导致 D 轮搁浅。事发后，因黔江河水水位下降，D 轮被搁浅在礁石上离开水面，无法自行脱险。需等待水位上涨后，由他船拖带脱险。为了避免 D 轮发生倾覆次生事故，船长决定向他船求助，因此支付施救费用 1.8 万元。

据 D 轮相关证书显示，D 轮为一艘干货船，总长度 47m，船宽 9.5m，船深 3.2m，航行区域为 A 级航区，最大载货量 766t。

事故发生前，D 轮所有人已向广西 ×× 保险公司投保了沿海内河船舶保险（一切险）。根据保险条款第二条第一款"本公司承保的保险船舶在可航水域碰撞其他船舶或触碰码头、港口设施、航标，致使上述物体发生的直接损失和费用，包括被碰船舶上所载货物的直接损失，依法应当由被保险人承担赔偿责任"；"保险对每次碰撞、触碰责任仅负责赔偿金额的 3/4，但在保险期间内一次或累计最高赔偿额以不超过船舶保险金额为限"。

经过审核，D 轮在开航前或开航时处于适航状态且无重大故意行为，依据保险条款和现场查勘，本次事故所造成的损失属于船舶保险一切险责任范围，由保险公司支付施救费结案。

# 附录　船舶货运疑难问题答疑

为了使读者更好地理解内河船舶保险实务的具体操作，本书对读者长期关注的热点、难点问题进行遴选归集。发现大家在实务操作过程中，对一些敏感问题不甚理解，对于一些热点问题更是研究不透。本书从大量疑难问题中遴选出 50 个热点、难点问题并采用"一问一答"方式，解答港航管理部门相关法规、船舶保险理赔实务和货物保险理赔实务中常见疑难问题等，以期让读者快速明了其中缘由。

**一、《内河船舶保险条款（2009 版）》《沿海内河船舶保险条款》和《船舶保险条款（2009 版）》中的"船舶"是否一致？**

**参考答案**：不一致。《内河船舶保险条款（2009 版）》中的船舶包括船体及船舶检验证书簿上载明的机器、设备和助航仪器；《沿海内河船舶保险条款》中的船舶包括船体、机器、设备、仪器和索具；《船舶保险条款（2009版）》中船舶的范围最大，包括船壳、救生艇、机器、设备、仪器、索具、燃料和物料。

**二、通常情况下，船舶超载的判断标准是什么？实际载货数量超过船舶检验证书簿上标明的参考载重数量时，能否确认船舶超载？**

**参考答案**：船舶是否超载，判断的标准应为船舶吃水是否超过该船舶载重线证书允许的范围，如超过这个范围则可判断为超载。众所周知，船舶吃水往往受到船舶自身装载的燃料、淡水、给养和各种备用材料等因素影响，每一个航次实际可载货的数量差别较大。为此，船舶检验证书簿标明的参考载重数量，只能作为参考数值。国内航行的船舶中，船方为了避税或少交各项费用，人为采用"大船小证"，违规操作不时发生，实际载货数量超过证书标明的参考载货数量并不当然构成超载。实务中仍需结合其他因素予以综合判断，如参考大副调查记录、船舶离港签证等，判断船舶吃水是否超出允许的范围，从而断定船舶是否超载。

**三、船舶"搁浅"与船舶"坐浅"有何区别？船舶发生"坐浅"事故时，是否获得保险人赔偿？**

**参考答案：**船舶"搁浅"指船舶在锚泊或航行中意外造成船舶底部与浅滩、海底、河床紧密接触，导致船舶处在静止或摇摆状态而无法航行，并造成船体损坏或停航12小时以上。船舶"坐浅"则是船舶在浅水区域作业或停泊期间，由于装载或者潮汐而导致船舶吸底现象，致使船舶坐落于水底造成的损失或船底与水底发生摩擦而又未搁浅所造成的损失。船舶"坐浅"属于可预见的事故，是可以避免的情形，因此保险人对此种除外责任不予赔偿。

**四、内河船舶运输是否适用于共同海损法律制度？**

**参考答案：**《中华人民共和国海商法》中明确规定"船舶"系指海船，因而内河船舶不适用于共同海损法律制度。但是按内河船舶保险条款约定，凡涉及船舶、货物共同安全的救助费用与施救费用，船舶保险人可按船舶价值所占获救价值的比例赔偿。实务中，实际赔偿可参考共同海损理算方法进行处理。

**五、船东已投保了内河船舶保险附加船东对船员责任保险，在船舶未曾发生保险责任事故的前提下，船员在工作期间不慎受伤，能否获得赔偿？**

**参考答案：**当然可以。保险条款约定"保险船舶在航行或停泊中，船上在岗船员发生死亡或伤残，依法应由被保险人（船东）对船员承担的医疗费、住院费、伤残或死亡补偿费，保险人按照本保险合同的约定负责赔偿"。因此，无论船舶是否发生事故，只要船员发生事故时在船舶上，就可以获得赔偿。

**六、内河船舶不幸发生火灾事故，应由哪个机构出具事故责任认定书？保险人处理索赔案件时，应以哪个机构出具的调查报告或责任认定书为依据？**

**参考答案：**通常情况下，船舶在河道或港口不幸发生火灾事故，应由海事部门组织施救并于事后开展事故原因调查，出具事故调查处理报告。但是，船舶因故长时间停靠码头或停靠船厂维修期间不幸发生火灾，很有可能由岸上消防部门开展施救、开展事故原因调查并出具责任认定书。海事部门和消防部门出具的调查报告和责任认定书，均可作为保险人处理索赔案件的依据。

### 七、内河船舶保险单中设定的绝对免赔额（或免赔率）是否涵盖该保单下的全部附加险？

**参考答案：** 目前，船东为了达到最大限度地分散经营风险的目的，通常在向保险公司投保船舶保险（主险）的同时，还选择扩展投保相关附加险。但是，这些附加险大多为责任险，如油污责任、船东对船员责任、船东对旅客责任等，主险保单设定的免赔条件不适用于责任险类的附加险。但是，螺旋桨、舵、锚、锚链及子船单独损失附加险等，如无特别约定时，主险保单设定的免赔条件适用于该附加险。

### 八、船舶保险保单中已约定保险价值与保险金额（两者金额相等），但发生保险责任范围内的事故导致全损后，经评估，船舶实际的市场价值远远低于保险金额，应该如何处理赔案？

**参考答案：** 按保险补偿原则，保险公司应按照保险合同约定赔偿被保险人经济损失，但是被保险人不能从保险公司的赔偿中获得超过其损失的金额，即使被保险人已高额投保，其经济损失也不能超过船舶实际的市场价值，因此保险公司的赔偿也应以市场价值为限。另外，获得过高的赔偿金额容易导致被保险人铤而走险，引发道德危机。保险保单已约定保险价值等于保险金额，在此情况下发生全损，保险公司应按保险金额支付赔款，这是法律规定。因此，对于这一案件，保险公司应与被保险人进行协商，力争以接近市场的价值了结案件。

### 九、如果船舶保险保单约定的保险金额小于保险价值，这是不足额保险，尽管已约定出险时按一定成数赔付，但是发生碰撞责任事故后，对于船舶的碰撞责任，能否按不足额的比例计算赔款？

**参考答案：** 尽管船舶保险已约定为不足额保险，但是对于保险责任范围内事故导致的碰撞责任，不按不足额比例计算赔付，只是赔款时最高不能高于保险金额。这是因为船舶保险中的碰撞责任部分是属于责任保险。而责任保险是以保险金额作为赔偿限额,并不受保险价值的限定。

**十、日常实务操作中,对于不同类型的事故是如何启动对船员的调查取证工作的?**

**参考答案:** 对于不同的事故,调查取证工作应该做到有的放矢,精准施策,才能事半功倍。

一是对于机器损坏事故,调查主要对象为船长、轮机长、当班轮机员等。调查重点:轮机部门相关人员的配备及任职资格,船舶型号、主(辅)机功率型号、制造厂家、建成年份等基本概况,受损船舶机器日常维护保养及日常运转细节,事故发生前受损机器有何异常现象和运转状况,事故发生全过程的细节情况,船上工作人员施救措施及成效等。

二是对于火灾及爆炸事故,调查主要对象是首先发现火灾的人员、最后离开事故现场的人员、值班人员、船长。调查重点:事故发生时间、事故发生地点;首先发现火灾的人员对事故当时情况的详细陈述;事故发生可能的原因;事故发生时船舶周围的风向、风速、能见度等;发生火灾、爆炸事故第一现场的准确时间及具体位置;火灾事故发生后采用灭火措施的时间和灭火效果、耗费灭火器材种类与数量;为了抢救有否采取破坏性措施,如对船舶属具、船体是否采用切割等;救援队到达现场开展救援的时间、投入救援的工具和耗材使用等详细情况;船体、船上所载货物、人员伤亡、环境是否污染等善后处理详情。

三是发生船舶搁浅、触礁等事故,调查对象应为当班驾驶员、船长等。调查重点:船舶雷达配备及雷达功能等基本情况;船舶配员数量是否足员,适任资格是否符合国家有关规定;驾驶员对所经航区水流、水底礁石分布、水深、浅滩、水位变化等情况是否熟知;船舶是否超载,艏、尾吃水情况如何;航行期间风向、能见度、航向及航速等详细情况;触礁、搁浅发生时间、船舶具体方位;船舶是否损坏,所载货物是否受损,航道是否因事故发生污染。

四是碰撞及触碰事故发生后,调查重点对象应包括船长、当班驾驶员等。调查重点:船型、主机型号、助航与导航设备等船舶基本情况;本航次船舶是否超载,艏、尾吃水情况如何;船员配备是否符合规范要求;风向、风力、能见度等自然条件；事故前我船航向、航速变动情况和对方船航向、航速变动等观察情况；我船采取避碰措施是否正确和对方船舶所采取避碰措施的情况；碰撞发生的准确时间及碰撞地点、碰撞的具体部位及交角情况；碰撞后，双方各自采取的措施。

### 十一、对于谨慎的保险人而言，承保时如何处理沿海、内河航区的老龄船舶问题？

**参考答案：**应按照《老旧运输船舶管理规定》确定是否属于老龄船舶。如符合老龄船舶标准，对船舶的承保以及该船舶所运载货物的承保，通常应按以下方法处理：

一是对承保船龄超过20年的沿海、内河船舶，可以安排承保前状况检验，以便决定是否承保和拟按什么条件承保。委托的检验人应该具备相关专业资质，具备检验同类船舶的经验。检验后，要求检验人出具客观、公正的由执行检验人签字的检验报告。

二是对于承保船龄超过20年及以上的船舶载运的货物，因为老龄船承运风险增加，容易发生触礁、搁浅等风险事故，修船费用高，耗时长，因此应对老龄船进行一定控制。承保国内货物运输保险，使用运输船舶的船龄超过20年，则应在原费率基础上进行老龄船加费后承保；使用运输船舶的船龄超过30年，原则上不予承保。

### 十二、港航企业落实安全生产主体责任的法律、法规、文件依据有哪些？

**参考答案：**港航企业落实安全生产主体责任法律、法规、文件的主要依据如下。

一是《中华人民共和国安全生产法》第四条。该法规定："生产经营单位必须遵守本法和其他有关安全生产的法律、法规，加强安全生产管理，建立、健全安全生产责任制和安全生产规章制度，改善安全生产条件，推进安全生产标准化建设，提高安全生产水平，确保安全生产。"

二是《中华人民共和国港口法》第三十二条。该法规定："港口经营人必须依照《中华人民共和国安全生产法》等有关法律、法规和国务院交通主管部门有关港口安全作业规则的规定，加强安全生产管理，建立健全安全生产责任制等规章制度，完善安全生产条件，采取保障安全生产的有效措施，确保安全生产。"

三是《国内水路运输管理条例》第五条。该条例规定："经营水路运输及其辅助业务，应当遵守法律、法规，诚实守信。国务院交通运输主管部门和负责水路运输管理的部门应当依法对水路运输市场实施监督管理，对水路运输及其辅助业务的违法经营活动实施处罚，并建立经营者诚信管理制度，及时向社会公告监督检查情况。"依据上述规定，航运经营企业必须健全安全管理机构、安全管理人员设置制度、安全管理责任制度、安全监督检查制度、事故应急处置制度、岗位安全操作规程等安全管理制度。

四是《国内水路运输管理条例》第六条。该条例规定，"申请经营水路运输业务，除本条例第七条规定的情形外，申请人应当符合下列条件：（一）取得企业法人资格；（二）有符合本条例第十三条规定的船舶，并且自有船舶运力符合国务院交通运输主管部门的规定；（三）有明确的经营范围，其中申请经营水路旅客班轮运输业务的，还应当有可行的航线营运计划；（四）有与其申请的经营范围和船舶运力相适应的海务、机务管理人员；（五）与直接订立劳动合同的高级船员占全部船员的比例符合国务院交通运输主管部门的规定；（六）有健全的安全管理制度；（七）法律、行政法规规定的其他条件"。

五是国家安全生产监督管理总局《企业安全生产责任体系五落实五到位规定》，该规定主要内容：（1）必须落实"党政同责"要求，董事长、党组织书记、总经理对本企业安全生产工作共同承担领导责任；（2）必须落实安全生产"一岗双责"，所有领导班子成员对分管范围内安全生产工作承担相应职责；（3）必须落实安全生产组织领导机构，成立安全生产委员会，由董事长或总经理担任主任；（4）必须落实安全管理力量，依法设置安全生产管理机构，配齐配强注册安全工程师等专业安全管理人员；（5）必须落实安全生产报告制度，定期向董事会、业绩考核部门报告安全生产情况，并向社会公示；（6）必须做到安全责任到位、安全投入到位、安全培训到位、安全管理到位、应急救援到位。

### 十三、如何规范港航企业行业准入，抓牢源头管理？

**参考答案：**一是强化水路运输市场准入管理，严格按照规定开展行政许可工作，严厉打击水路运输经营资质挂靠等违规行为。严把航运公司营运准入关，认真组织开展水路运输经营者经营资质检查和国内水路运输市场"双随机"抽查，结合海事管理机构的通报，将发生较大等级以上交通事故，有不良诚信记录、所属船舶超范围运营、连续两年未参加年度核查的企业，列入重点检查范围。对不符合经营资质要求的企业，应当按照有关规定，撤销企业的水路运输经营许可证。对于超范围经营的船舶，依法依规加大力度进行处罚。二是港口经营人要加强港口装卸作业管理，会同航运企业落实船岸联合安全检查制度，涉及危险货物装卸作业的，应在具有从业资格的装卸管理人员现场指挥或监控下进行；港口经营人要提醒船舶不得超吨位装卸载货物，发现有超载嫌疑的，要暂停装载并及时将有关情况通报所在地海事管理机构处理。港口行政管理部门要依法加强对港口装卸作业活动的监督检查，要在地方政府的统一领导下，加强港区内非法码头的清理整治。

### 十四、强化航运企业安全主体责任落实的工作有哪些？

**参考答案：**一是各级交通运输主管部门要制定水上交通安全监管工作责任规范，建立权责清单，厘清和明确行业内部安全管理职责。二是明确航运企业安全监管的职责，厘清企业内部间的职权边界。三是提高船员业务能力，督促航运企业加大对船员的培训力度，提高船员避碰技能和应急处置能力，完善船员值班制度。

### 十五、如何提升港航企业安全保障能力？

**参考答案：**一是推进水上交通基础设施建设，继续实施渡口改造、渡改桥等工程，鼓励和支持渡口船舶纳入地方公益服务总体规划。二是加强水上交通安全监督设施建设，配备必要的水上交通安全监管执法装备、现场执法车，保障相应水上交通安全监管经费，鼓励港口滚装客运码头安装大型车安检设备。

### 十六、航运企业安全生产主体责任具体有哪些内容？

**参考答案**：一是航运企业要依法建立安全生产管理机构；二是航运企业要建立健全安全生产责任制和各项管理制度；三是航运企业要持续具备法律、规章、国家标准和行业标准规定的安全生产条件；四是航运企业要有足够的资金投入，以满足安全生产的各项条件；五是航运企业要依法依规组织从业人员参加安全生产教育和培训；六是航运企业要如实告知从业人员作业场所和工作岗位存在的危险危害因素、防范措施和事故应急措施，并督促教育职工自觉承担安全生产义务；七是航运企业要为从业人员提供符合国家标准和行业标准的劳动防护用品，并监督教育从业人员按照规定佩戴和使用；八是航运企业要依法依规对重大危险源实施有效的检测、监控；九是航运企业要依法依规进行预防和减少作业场所的职业危害；十是航运企业使用的安全设施、设备(包括特种设备)要符合安全管理的有关要求，并按规定定期检测检验；十一是航运企业要依法制定生产安全事故应急救援预案，并培训从业人员掌握操作岗位应急措施知识；十二是航运企业要定期组织监督检查，及时发现、治理和消除本单位安全事故隐患；十三是航运企业要积极采取先进的安全生产技术、设备和工艺，提高安全生产科技保障水平，确保所使用的工艺装备及相关劳动工具符合安全生产要求；十四是航运企业要保证新建、改造、扩建工程项目依法实施安全设施"三同时"；十五是航运企业负责统一协调管理承包、承租单位的安全生产工作；十六是航运企业要依法参加工伤保险，为从业人员缴纳保险费；十七是航运企业要按要求上报生产安全事故，做好事故抢险救援，妥善处理对事故伤亡人员依法赔偿等事故善后工作；十八是航运企业法律、法规规定的其他安全生产责任。

### 十七、航运企业安全责任体系考评实施细则中，"健全责任制"有哪些具体内容？

**参考答案**：一是航运企业主要责任人、分管领导、全体员工安全职责要明确，制定并落实安全生产责任制，实行层层签订安全生产责任书，并落实到位。二是航运企业主要负责人或实际控制人是安全生产第一责任人，按照安全生产法律、法规赋予的职责，对企业安全生产负全面组织领导、管理责任和法律责任，并履行企业安全生产的责任和义务。三是航运企业分管安全生产的负责人是安全生产的重要负责人，负责统筹协调和综合管理企业的安全生产工作，对安全生产负重要管理责任。四是航运企业其他负责人和全体员工实行"一岗双责"，并对业务范围内的安全生产工作负责。五是航运企业对安全生产管理机构、各职能部门、生产基层单位的安全职责要明确，并落实到位。

### 十八、如何依法组织从业人员参加安全生产教育和培训？

**参考答案**：一是航运企业每年要对从业人员进行再培训，提高从业人员的素质和能力，再培训时间不得少于有关规定学时（一般不少于 24 小时）。未经安全生产培训合格的从业人员，不得上岗作业。二是航运企业应当制定从业人员培训的相关规定和计划，对从业人员进行安全生产教育和培训，保证从业人员具备必要的安全生产知识，熟悉有关的安全生产规章制度和安全操作规程，掌握本岗位的安全操作技能。三是航运企业对相关转岗人员要及时进行岗前培训，未经安全生产培训合格的转岗从业人员，不得上岗作业。四是航运企业在新技术、新设备投入使用前，要对管理和操作的从业人员进行专项培训，未经安全生产培训合格的从业人员，不得上岗作业。

### 十九、航运企业如何如实告知从业人员作业场所和工作岗位存在的危险、危害因素、防范措施和事故应急措施？

**参考答案**：一是航运企业要将风险识别、已识别的危险、有害因素以及相应的防范措施和应急处置方案发放到所有相关岗位。二是航运企业要制订风险防范培训计划，通过多种方式对从业人员进行宣传、教育培训，如岗前培训、操作熟悉、安全风险标识等，并将安全操作流程设置在醒目的地方，尽可能如实告知所有从业人员作业场所和工作岗位存在的危险因素、防范措施以及事故应急措施。三是航运企业要做好有关风险防范知识的培训、检查、日常训练的记录和资料收集。

### 二十、航运企业如何对重大危险源进行有效的检测和监控？

**参考答案**：一是航运企业要定期和不定期对作业活动和设备设施进行危险、有害因素的检查和识别，及时发现和排除隐患。二是航运企业要向从业人员如实告知作业场所和工作岗位存在的危险因素、防范措施以及事故应急措施，并提醒从业人员进行安全生产和作业。三是航运企业要对危险源进行建档，同时对重大危险源进行单独建档管理，并进行实时监控。

### 二十一、如何做才能及时发现、治理和消除本单位安全事故隐患？

**参考答案：**一是航运企业要制订隐患排查工作方案，明确排查的目的、范围以及选择合适的排查方法。二是航运企业每月至少开展一次安全自查自纠工作，及时发现安全管理的缺陷和漏洞，消除安全隐患。检查及处理情况应当记录在案。对各种安全检查所查出的隐患进行原因分析，制定针对性控制对策。三是要制订隐患治理方案，包括目标和任务、方法和措施、经费和物资、机构和人员、时限和要求。四是对上级检查指出或自我检查发现的一般安全隐患，相关责任人要严格落实防范和整改措施，并组织整改到位。五是对检查发现的重大安全隐患，要及时上报相关部门备案，并做出整改，措施、责任、资金、时限和预案要做到"五到位"。六是航运企业要建立隐患治理台账和档案，并做有相关的记录。七是航运企业要按相关规定对隐患排查和治理情况进行统计分析，并向有关部门报送。

### 二十二、如何做好事故抢险救援，妥善处理事故伤亡人员的依法赔偿等善后工作？

**参考答案：**一是航运企业发生事故时，要及时进行事故现场处置，并按相关规定及时、准确、如实地向相关部门报告（安监、海事、港航等部门），不得瞒报、谎报、迟报。二是航运企业事故发生情况报告应当包括以下内容：事故发生的时间、地点及事故现场情况，事故发生的简要经过，事故发生已经造成的伤亡人数（包括下落不明人数）和初步估计的直接经济损失，事故发生后已经采取的措施，其他应当报告的情况。三是航运企业要持续跟踪事故发展情况，并及时报告事故信息，建立事故档案和事故管理台账。四是事故发生后，航运企业应当按照安全生产事故跟踪报告的有关规定，在事故报告中明确事故跟踪的责任、频次、内容和跟踪报告的要求。五是事故发生的航运企业，要按照有关规定全面跟踪事故发展情况，并及时、准确、如实地续报事故信息。六是事故发生的航运企业要建立相应的事故档案和事故管理台账，专人管理。七是事故档案应当按照"一事一档"的要求建立，内容包括：事故报告书、证据材料（询问笔录、相关证书复印件）、勘察记录、鉴定记录、调查报告、调查报告、事故结论书等。八是航运企业接到本单位事故报告后，要迅速采取有效措施，组织救援，防止事故进一步扩大，努力减少人员伤亡和财产损失。同时，事故发生企业要按照相关规定成立事故调查组，积极配合各级人民政府组织的事故调查，随时接受事故调查组的询问，并如实提供有关情况。事故发生企业要按时提交事故调查报告，分析事故原因，落实整改措施。九是航运企业发生事故后，要及时召开安全生产分析通报会，对事故当事人的聘用、培训、考评、上岗以及安全管理等情况进行责任倒查，区分责任。十是要按照"四不放过"原则，严肃查处安全生产事故，严格追究领导责任和相关责任人责任。事故处理结果要及时报告有关部门备案。

### 二十三、保赔保险中，应如何把握赔偿原则？

**参考答案：** 与其他保险理赔原则不同，保赔保险的赔偿原则如下。一是及时通知原则，船东需将已发生的索赔或可能发生索赔的情况及时通知保险人，否则保险人有权拒赔。二是事先认可原则，船东与索赔人确认其赔偿责任（含赔偿金额）前，首先要征得保险人同意，否则保险人有权拒赔。三是船东先付原则，只有船东赔付后，保险人才按船东的实际损失金额赔付给船东。四是船舶保险赔付的项目，保赔保险不赔付原则。

### 二十四、内河船舶保险中的保险金额与保险价值的关系应如何处理？

**参考答案：** 依据条款，内河船舶的保险价值由合同双方根据保险船舶的市场重置价进行约定，保险金额不得超过保险价值。保险金额和保险价值以保险单载明的为准。保险金额低于保险价值的，视为不足额保险。

### 二十五、港航企业的主要负责人对本单位安全生产工作负有哪些职责？

**参考答案：** 一是组织制定本单位安全生产规章制度。二是建立健全本单位安全生产责任制。三是组织制定本单位安全生产操作规程。四是制订并组织实施本单位的安全生产教育和培训计划。五是确保本单位安全生产资金投入的有效实施。六是督促、检查本单位的安全生产工作，及时消除安全生产事故隐患。七是组织制定并实施本单位的安全生产事故应急救援预案。八是及时、如实报告安全生产事故。

### 二十六、港航企业安全生产管理机构以及安全生产管理人员应履行哪些职责？

**参考答案：**一是组织或参与拟订本单位安全生产规章制度、操作规程和安全生产事故应急救援预案。二是督促落实本单位重大危险源的安全管理措施。三是组织或参与本单位安全生产教育和培训，如实记录安全生产教育和培训情况。四是组织或参与本单位应急救援演练。五是检查本单位的安全生产状况，及时排查安全生产事故隐患，并提出改进安全生产管理的建议。六是制止和纠正违章指挥、强令冒险作业、违反操作规程的行为。七是督促落实本单位安全生产整改措施。

### 二十七、怎样理解货物运输保险除外责任中的"发货人责任"？

**参考答案：**主要指货物包装不足、不当或标志不清或错误。货物包装必须能经受所承保航程中通常存在的风险，否则就是包装不足或不当，保险人将拒绝赔偿因此造成的损失。集装箱运输下，整箱发运的集装箱由发货人装箱所引起的短装、积载不当、错装及发货人自己的集装箱不适货所造成的损失，也在拒赔之列。该条规定虽然没有明确由于发货人的责任所引起的费用，保险人是否有权拒赔，但是实务中仍应将由此产生的费用视为除外责任。

### 二十八、发货人有哪些主要义务？

**参考答案：**一是办理与货物运输有关的必要手续的义务与责任。二是妥善包装货物并确切描述货物状况的义务与责任。三是使货物（包括发货人的集装箱和托盘）处于适于运输（包括装载、操作、积载、系固和卸载）状况的义务与责任。四是向承运人提供与货物运输有关的必要信息、指示和单证的义务与责任。五是运输危险品的特殊义务与责任。六是运输活动物的特殊义务与责任。七是支付装货港滞期费（延滞损失）、亏舱费的义务。

### 二十九、不足额投保的货物，计算赔款时应该如何操作？

**参考答案：**一是保险金额低于保险价值的为不足额保险。在不足额保险的情况下，保险人对于保险标的的部分损失，按照保险金额与保险价值的比例承担赔偿责任（保险合同另有约定的除外）。保险金额超过保险价值的，属于超额保险，超过的部分无效。对于全部损失，应按保险金额赔付。部分损失＝损失金额×（保险金额／保险价值）。二是对于按吨位承保的国内货运险，在不足额保险的情况下，发生保险标的的部分损失，则按承保吨位与出险时所装吨位的比例承担赔偿责任。在计算时，应注意先计算不足额的比例，再扣减免赔。

### 三十、货物运输保险与承运人责任保险的区别有哪些方面？

**参考答案：**货物运输保险与承运人责任保险区别如下。

一是保险性质差异。货物运输保险属于财产保险类，保障范围是保险货物在运输过程中，因遭受保险责任范围内的自然灾害或意外事故所造成的损失。承运人责任保险属于责任保险类，保障范围是在运输过程中发生意外事故，致使运输工具上所载货物遭受损毁，依法应由承运人（被保险人）承担经济赔偿责任。

二是保险利益差异。在货物运输过程中，货物所有人对货物本身具有保险利益，即货物一旦发生损失，货物所有人会遭受直接经济损失。而承运人具有的保险利益则是如果货物受损，承运人依照合同规定或法律规定应当承担相关的赔偿责任。

三是保障范围差异。货物运输保险的保障范围比承运人责任保险更加广泛。在货物运输保险中，保险公司承担货物由于自然灾害或意外事故发生的损失。同时，如果承运人在意外事故中负有责任，保险公司向被保险人支付保险金额后，可以向承运人追偿。而在承运人责任保险下，承运人对货物损失有着某些法定或约定的免责事项，承运人对于某些原因造成的货物损失无须赔偿，因此这些免责事项不属于承运人责任保险的保障范围。

### 三十一、提单责任与运单责任的区别有哪些？承运人在哪些情形下可以免责？

**参考答案：**一是要明白两种单证的区别，首先须弄清两者的概念。提单指用以证明海上货物运输合同和货物已经由承运人接收或者装船，以及承运人保证据以交付货物的凭证，远洋货物运输的主要单证是提单。运单指证明海上货物运输合同和货物由承运人接收或者装船，以及承运人保证将货物交给记名收货人的一种不可流通的单证，国内水路货物运输的主要单证是运单。

两者区别在于：（1）提单是运输合同，是货物所有权凭证，是承运人收到货物的证明；运单只是起到收据及运输契约的作用。（2）提单证明的运输合同适用海商法及海牙规则，承运人承担的是不完全的过错责任制（即承运人对管货过失导致的损失要承担赔偿责任，但承运人的管船过失是可以免责的，同时承运人还可依法享受海事赔偿责任限制）；运单证明的国内水路运输合同适用国内水路货运规则，承运人承担的是严格责任制，即除法定的几种免责事由外，国内水路承运人对其承运货物的损失都要承担赔偿责任。

二是承运人可以免责的情形：（1）不可抗力；（2）货物的自然属性和潜在缺陷；（3）货物的自然减量和合理损耗；（4）包装不符合要求；（5）包装完好但货物与运单记载内容不符；（6）识别标志、储运指示标志不符合规则第十八条、第十九条规定；（7）托运人申报的货物重量不准确；（8）托运人押运过程中的过错；（9）普通货物中夹带危险、流质、易腐货物；（10）托运人、收货人的其他过错。

### 三十二、用来装运货物的集装箱，是否能够成为货物运输保险的赔偿标的？集装箱不适货造成的货物损坏，是否应当赔偿货物损失？

**参考答案：**集装箱运输途中，确实存在因集装箱破旧、锈蚀或存在其他缺陷导致货物在运输途中受损的现象。承运人主张的集装箱仅是货物的包装，而因货物包装缺陷引起的损失，承运人可以免责。货主则认为集装箱应当视为船舶的一部分，集装箱的缺陷应视为船舶的不适货。

集装箱究竟是货物的包装还是船舶的一部分？海运界一直没有明确的判例或解释。荷兰最高法院在 2008 年 2 月的"THE NDS PROVIDER"一案中做出了明确的判决：集装箱应视为船舶的一部分，承运人应当保证其使用状况良好，适于货物的装运（本案提单背后的条款有规定，集装箱是由承运人租给托运人使用，该案货物损失原因是集装箱锈蚀、漏水）。

如因集装箱不适货造成货物损坏，货物保险人理赔时，应当区分集装箱是发货人/被保险人提供的，还是承运人/船方提供的。

对于承运人提供的不适货的集装箱造成的货物损失，保险人在赔付后可以向承运人追偿；对于发货人自己提供的集装箱不适货造成的货物损失，保险人不负赔偿责任。

货主在对货物进行投保时，除非明确列明集装箱也属于保险标的且为集装箱缴纳了保险费，否则，保险人不予赔偿。

除此之外，保险公司通常已提供了集装箱保险产品（属于船舶险的一种），因此，未特别声明承保集装箱的普通货物运输保险，不应赔付集装箱的损失。

### 三十三、国内货运险查勘时应注意哪些主要问题？

**参考答案**：一是核对受损货物与承保货物是否一致。二是对货物的内外包装进行检验。确定货物遭受的是什么性质的损失，如渗漏、水渍、玷污、锈蚀、霉烂变质等。三是按货物损失情况确定损失程度，并对货物的受损情况进行详细记录。四是细致询问、认真检查、详细记录损失货物名称、规格型号、数量/重量、单价，以及损失标的受损程度或可利用程度等。五是由被保险人和查勘人员在现场查勘记录或损失清单上签字确认。如被保险人或其代表拒绝在现场查勘记录或损失清单上签字，查勘人员应耐心解释说明。对于被保险人未提供索赔申请书的，要求被保险人填写并出具索赔申请书。

### 三十四、国内水路货物运输保险中，在装卸货物过程中货物遭受雨淋的损失，属于哪方责任？

**参考答案**：国内小型散货船的船舱多数是敞口的，仅用篷布遮盖。由于装卸货时间长，经常会遇到卸货时遭受雨淋的情况，导致货物受损。被保险人往往主张按照保险条款"在装货、卸货或转载时因遭受不属于包装质量不善或装卸人员违反操作规程所造成的损失"或"符合安全运输规定而遭受雨淋所致的损失"，就此种损失情况向保险人索赔。

由于现今天气预报比较准确，正常卸货时雨淋的风险是完全可以避免的。如果气象部门已预报将有降水，但是由于被保险人为抢时间卸货而导致的雨淋损失，可以不予赔偿或以协商赔偿方式处理。如果气象部门确实未能预报，而卸货时突然降水，则属于意外事故，对雨淋导致的货物损失应予赔偿。

### 三十五、因船舶碰撞造成船载货物损失的，载货船舶应当承担什么赔偿责任？

**参考答案：** 船舶碰撞造成船载货物损失的，货物权利人既可以以违约之诉向载货船舶主张索赔，也可以以侵权之诉向船舶碰撞双方主张索赔。货物权利人向载货船舶索赔时，载货船舶有权主张按照碰撞双方过失程度比例承担赔偿责任。运输契约订有"船舶互撞责任"条款的，应按照该条款的相关规定计算赔偿。

### 三十六、货物运输保险追偿中扣押船舶包括哪些程序？

**参考答案：** 一是申请程序。如果在货运险赔付前扣船，应以货主作为申请人；如果在赔款后因追偿需要扣船，应由保险人直接申请。无论何种情况，扣船申请应当以书面形式做出，包括申请人名称、被申请人名称、事实与理由等。二是担保程序。海事法院一般需要申请人提供有效担保。如果是货主（或被保险人）申请，可以由保险人出具担保函；如果由保险人申请，一般可由承保机构提出申请，由保险人提供担保。三是审查程序。法院对扣船申请进行初步审查。四是裁定程序。法院根据审查结果做出裁定。如果同意，一般会做出准许扣押船舶申请通知书。五是执行程序。一般由海事法院执行，宣布扣船命令，并由其他有关单位（港监、边防等）协助执行。六是解扣程序。一般在被申请人提供有效担保的情形或者申请人不在法律规定时间内起诉的，船舶可以被释放。当然，根据法律规定，船舶扣押期届满，被请求人不提供担保，而且船舶不宜继续扣押的，海事请求人可以在提起诉讼或者申请仲裁后，向扣押船舶的海事法院申请拍卖船舶。

### 三十七、船东向保险公司投保了内河船舶保险后，能否要求解除保险合同？

**参考答案：** 一是《中华人民共和国保险法》第十五条规定，除本法另有规定或者保险合同另有约定外，保险合同成立后，投保人可以解除合同，保险人不得解除合同。二是《内河船舶保险条款（2009 版）》第二十六条规定，保险责任开始前，投保人要求解除保险合同的，应当向保险人支付相当于保险费 10% 的退保手续费，保险人退还剩余部分保险费；保险责任开始后，投保人要求解除保险合同的，自通知保险人之日起，保险合同解除，保险人按短期费率计收保险责任开始之日至合同解除之日止期间的保险费，并退还剩余部分保险费。

**三十八、保险合同应包含哪些事项？**

**参考答案：**依据相关规定，保险合同应包含下列事项：一是保险人的名称和住所；二是投保人、被保险人的姓名或者名称、住所，以及人身保险的受益人的姓名或名称、住所；三是保险标的；四是保险责任和责任免除；五是保险期间和保险责任开始时间；六是保险金额；七是保险费以及支付方式；八是保险金赔偿或者给付办法；九是违约责任和争议处理；十是订立合同的年、月、日。除此之外，投保人和保险人可以约定与保险相关的其他事项。

**三十九、事故缘由：**船东向某保险公司投保了沿海内河船舶一切保险，附加投保船东对船员责任保险。保险期限内，2018 年 9 月 11 日 15：00，船员杨某在船上作业时右手被绞轧伤，经送医院救治，诊断为右手绞轧伤、右手拇指近节指骨开放性骨折、右手拇指指腹皮肤软组织缺损、右手拇指双侧指固有动脉挫伤、右手拇指双侧指固有神经挫伤。

杨某住院治疗 16 天，医疗费约 2 万元。杨某到伤残鉴定中心按《人身保险伤残评定伤标准》评定为伤残 9 级。对此，杨某向保险人索赔医疗费约 20000 元，9 级伤残赔偿金、伤残鉴定费 1956 元，住宿费 2694 元，交通费 3761.85 元（含私家车过路费、过桥费、动车往返车费、加油费、出租车费、包车费），护工赔付费 1050 元，日用品 2779.1 元（含牛奶、水果、消毒水、食品、尿片），餐费 6055 元。

因保险条款约定的责任范围较为简单、表述模糊不清，且伤者提出索赔项目较多，理赔人员一时难以厘清以下问题：一是条款中保险责任"依法应由船东（被保险人）对船员承担的医疗费、住院费和伤残、死亡补偿费，保险人负责赔偿"中"医疗费、住院费"包含什么费用？二是赔偿处理中"参与处理事故的船员家属须在两人以下，保险人仅负责限定人数内船员家属的有关费用支出"中"船员家属的有关费用支出"包含什么费用？三是伤者伤残赔偿金参照侵权法、工伤保险条例、雇主责任中哪个赔偿标准赔付？对此，您有哪些处理意见？

**参考答案：** 经过审阅上述案件，处理意见如下：

1. 医疗费包括船员为治疗伤疾而支付的挂号费、检查费、治疗费、手术费、医药费、康复费、后续治疗等，住院费就是住院期间发生的相关费用。

2. 应主要包括家属为陪护受伤船员（从外地到本地）或转院治疗而实际发生的交通费、住宿费等，相关费用须有凭据，且与时间、地点、人数相符。

3. 工伤保险条例的标准赔付。

### 四十、集装箱货物有哪些致损原因？

**参考答案：** 通常情况下，集装箱货物致损原因如下：

一是集装箱箱体损坏。集装箱作为一件完整的货物起吊、搬运、装载运输，重复使用且在集装箱船舶上、场地中都是多个一起叠放，箱体大但定位孔（销）小，吊装过程中特别是满载时难以对齐。如无法做到一次准确定位销柱，箱体、箱角则会发生碰撞导致箱体损坏；运输途中发生的其他碰撞也会常常出现，箱体损坏多见于箱角和箱顶。一旦箱体损坏，其封闭性变差，箱内货物可能受到湿损影响。除此之外，箱门橡胶密封条受箱门频繁开启以及运输途中恶劣气候条件影响，老化现象较为普遍，造成水密性差。

二是箱内货物积载不当致损。物流行业大量使用集装箱，货物装箱、拆箱卸货等工作多由发货人、收货人来完成，而不是由承运人来操作，且集装箱装卸过程较快，事故现场取证时间短，一旦发生货损货差，较难追索承运人的责任。集装箱运输中，积载不当的过失很可能被视为发货前的过失（如由发货人装箱、计重的整箱货），从根本上有别于件杂货一切险项下积载风险的当然保险责任。

三是短量致损。尽管较少发现短量，一旦出现短量，则应核对箱号、铅封等，从而确定是否运输途中经过换箱。如未经换箱，则可断定短量在装箱前已存在。

集装箱铅封完好，箱内货物出现短量的现象也时有发生，详细查勘会发现箱门有拆卸痕迹，即盗窃人并不破坏集装箱铅封，盗走货物后再将集装箱门重新装上。

四是破碎与坍塌致损。集装箱装运的易碎货物出现破碎，必须确认破碎是否发生在运输途中。一是要检查箱体外部是否存在大震动破坏痕迹；二是认真检查货物在箱内积载、堆码和系固情况；三是易碎品不允许裸装于箱内，除有外包装外，包装内部还要有足够的防止碰撞、震荡的填充物。

多层码放出现坍塌的最大原因是积载不当。上重下轻可能是用于分层隔开的衬垫强度不足，还可能是集装箱进水或上层货物（液体）渗漏造成衬垫水湿，导致衬垫强度下降，箱内货物坍塌进而造成货物之间无序、倒塌致损。

### 四十一、集装箱整箱货运输到达目的地，开箱检查发现货物有明显水湿，应如何确定致损责任？

**参考答案：**一是通过物理方法加热蒸干，观察是否有结晶析出或采用密度法，相同体积，质量大的是海水，或采用化学方法，加入硝酸盐溶液（可溶性碳酸盐）检测，甄别是淡水水湿还是海水水湿。二是检查箱体判断是否适货，收集集装箱设备交接单。三是关注货物本身含水量，水湿货物在箱内堆码具体位置、水湿分布情况。四是查清货物包装在装箱前的情况。五是运输途中、沿线气候情况。六是集装箱在船舶上积载位置和条件要求。七是集装箱通风口是否放置干燥剂。八是查清由发货人或是承运人提供的集装箱，整箱货运输还是拼箱货运输，由发货人装箱还是由承运人装箱。

### 四十二、在航运中水尺计量方式的适用范围和基本原理是什么？

**参考答案：**一是水尺计量是指利用船舶作为大型衡器，通过船舶装卸前后船舶吃水变化，计算装载货物重量的一种办法。二是适用范围。由于其精度较低，作为法定计量方法之一，它仅适用于价格低的船舶运输的散货，例如煤炭、生铁、化肥、矿石、废钢等。三是基本原理。利用船舶吃水和排水量的关系，通过测量船舶载货时吃水和空船时吃水，求得船舶载货时的排水量（毛重）和无货时排水量（皮重），扣除两次测量吃水期间船上非货物重量的变化，就可以得到计量货物的重量。这是物理学阿基米德定律在水尺计量的具体运用。

### 四十三、充分利用船舶载货能力主要有哪些途径?

**参考答案:** 一是充分利用船舶的载货重量能力。受航次具体条件限制,尽量做到使船舶达到满载,具体方法:(1)准确确定船舶的载重线,过水深限制区时保持平吃水,使船舶总载重量最大化;(2)合理配置航次燃油和淡水的储备量,减少船舶压载水;(3)及时清除船舶上的垃圾、废料,尽量减少船舶常数。

二是充分利用船舶的载货容量能力,具体方法:(1)轻重货物合理搭配。就杂货船而言,在货源充裕且航次货载有较大选择空间,为船舶分配货载计划时,应注意轻重货物合理搭配,尽量使船舶能够达到满舱满载。(2)合理选择载货舱位、紧密堆放货物、减少亏舱比例。如笨重大件货、大体积桶装货等应配装于船舶中部舱形规则的大舱并配装一些小件货,可以填补空位;体积小的货物或软包装的货物,则可选配装于舱形不规整的小舱内,最大限度降低亏舱率。(3)利用舱面载货,当然,应以条件允许为前提。舱面载装货物确实会增加船舶航行风险,但是,不可否认的是可以提高船舶的容量能力。

### 四十四、引发货物自然减量的原因有哪些?

**参考答案:** 按重量交接的货物,在运输途中受货物自身特性、自然条件和运输条件等影响,货物重量会存在一定减少,这是货物的自然损耗。造成货物自然损耗通常有以下几方面的原因:一是货物的干耗和水分挥发。含水分较高的货物或液体货物,因其水分蒸发或液体挥发而造成重量减少,如水果、蔬菜等存放一段时间后,水分自然蒸发,其重量自然减少。二是货物渗漏和沾染。如液体货物因包装不严密造成货物渗漏或者沾染在装运容器内的残液而造成非人为的货物重量减少。三是货物飞扬和撒落丢失。如面粉、水泥等粉末状或颗粒状货物,在运输途中或装卸期间,因发生飞扬、撒漏等造成难以回收的地脚货,都可能导致货物重量减少。

### 四十五、水路运输在装载货物时,造成货物亏舱的原因有哪些?

**参考答案:** 不合理的亏舱,对船舶容量能力的确是一种损失。造成货物亏舱的原因如下：一是货舱内的货物堆码不紧密，留出不正常的空间（空隙）；二是需要留出通风道的货物，在装入货舱时，通风道占用了舱容；三是需要系固或衬垫的货物，在装入货舱时，系固设备或衬垫材料占用了舱容；四是货舱在某一方向上的尺度，不等于货件在相应堆码方向上尺度的整数倍；五是货物的包装形状与货舱的形状不匹配。

### 四十六、为什么船舶保险要树立"真诚服务于航运业"的理念？

**参考答案**：保险业想要在激烈的市场竞争环境下生存与发展，就应找准自身的定位，必须树立"真诚服务于航运业"理念，这是因为：《中华人民共和国保险法》第二条规定，保险是指投保人根据合同约定，向保险人支付保险费，保险人对于合同约定的可能发生的事故因其发生所造成财产损失承担赔偿保险金责任或者当被保险人死亡、伤残、疾病或者达到合同约定的年龄、期限等条件时承担给付保险金责任的商业保险行为。从保险法规定看，保险人服务于被保险人的行为，是法律规定的义务。

保险要真诚服务，就应化解航运企业在船舶运输经营中存在的风险，充分体现保险为客户提供保障服务的职能作用。真诚服务既能在行业内树立品牌形象，更能得到客户的信任与回报。

保险应以促进航运业发展为己任。保险业要做到真诚服务，必然要以促进航运业的发展为己任，体现在为航运业排忧解难上。

### 四十七、被保险人（船东）在知道船舶发生事故时，应如何向保险人报案？

**参考答案**：被保险人（船东）一旦知道船舶已发生事故，应及时通知保险人。具体报案时间，各条款规定不尽一致。

例1：中国人保《沿海内河船舶建造保险》第二十二条规定"保险标的发生保险责任范围内的事故时，被保险人应当积极施救，尽可能减少损失，同时须在48小时内通知保险人"。

例2：保赔保险中仅规定"被保险船舶一旦发生本公司承保责任范围内的事故或发生可能会使本公司承担赔偿责任或费用的事故、事件或事项，被保险人应立即通知本公司"，从中可以看出，该保险项下未对报案明确具体时间。

报案方式有多种，如专线报案电话、传真、微信、QQ、电子邮件等，还可以向承保机构及理赔部门报案。

### 四十八、哪些船舶保险案件适合委托第三方代查勘?

**参考答案:** 有些船舶保险案件,由于定损技术性要求高、处理难度大,保险责任容易引起争议,或出险地点在外地,承保公司直接派人查勘有困难,且又不满足由当地兄弟公司代查勘的条件,在这种情况下,就可以委托第三方机构代查勘。

### 四十九、船舶发生不属于保险责任范围内的事故后,被保险人采取合理措施进行施救,由此产生的费用是否可以作为施救费用向保险人索赔?

**参考答案:** 对于这一问题,不能一概而论,要区别对待。如果船舶发生事故,面临紧急的保险责任范围内的威胁,采取合理措施产生的费用,应被认为是"被保险人为防止或者减少根据合同可以得到赔偿的损失而支付的必要的合理费用,这种情况下可作为施救费用,得到保险赔偿"。如果发生非保险事故后,船舶并未面临现实的保险责任范围内的风险威胁,则被保险人本就应当尽到"合理谨慎"的义务,采取合理措施,预防事故的再次发生,由此产生的费用并非"被保险人为防止或者减少根据合同可以得到赔偿的损失而支付的必要的合理费用"。这种情况下,不应得到保险赔偿。

# 参考文献

[1] 宋国华 . 保险大辞典 [M]. 沈阳：辽宁人民出版社，1989.

[2] 金永兴，伍生春 . 船舶结构与设备 [M]. 北京：人民交通出版社，2004.

[3] 王海明 . 船舶保险理论实务与经营管理 [M]. 大连：大连海事大学出版社，2006.

[4] 《保险法基础知识》编写组 . 保险法基础知识 [M]. 北京：首都经济贸易大学出版社，2011.

[5] 韦松 . 货物运输保险 [M]. 北京：首都经济贸易大学出版社，2012.

[6] 王海明 . 船舶保险 [M]. 北京：首都经济贸易大学出版社，2017.

[7] 郭颂平，赵春梅 . 保险基础知识（2014 版）[M]. 北京：首都经济贸易大学出版社，2014.

[8] 邱文昌 . 船舶货运 [M]. 上海：上海交通大学出版社，2015.

[9] 郭生臣 . 中国财产保险重大灾因分析报告（2014）[M]. 北京：首都经济贸易大学出版社，2016.

[10] 祁斌，仲伟东，张太佶 . 工程船 [M]// 中国船舶及海洋工程设计研究院，上海市船舶与海洋工程学会，上海交通大学 . 国之重器：舰船科普丛书 . 上海：上海科学技术出版社，2019.

[11] 利云 . 西江"黄金水道"船舶事故性污染现状及防范建议 [J]. 广西教育学院学报，2018（4）：32-35.

[12] 利云 . 基于澳洲保险业风险管理视角对我国企业风险管理的启示：以商业保险企业为例 [J]. 大众投资指南，2019（15）：75.